Qualitätsentwicklung der Bildungsarbeit in National- und Naturparks

AF167644

Ulrich Gebhard • Arne Dittmer
Stefanie Fritz • Benny Wolf Rimmler

Qualitätsentwicklung der Bildungsarbeit in National- und Naturparks

Kollegiale Begleitung als Form der internen Evaluation

 Springer VS

Ulrich Gebhard
Universität Hamburg, Deutschland

Arne Dittmer
Universität Regensburg, Deutschland

Stefanie Fritz
Celle, Deutschland

Benny Wolf Rimmler
Hamburg, Deutschland

ISBN 978-3-658-13150-0   ISBN 978-3-658-13151-7   (eBook)
DOI 10.1007/978-3-658-13151-7

Die Deutsche Nationalbibliothek verzeichnet diese Publikation in der Deutschen National-
bibliografie; detaillierte bibliografische Daten sind im Internet über http://dnb.d-nb.de abrufbar.

Springer VS
© Springer Fachmedien Wiesbaden 2016

Lektorat: Stefanie Laux, Stefanie Loyal

Gedruckt auf säurefreiem und chlorfrei gebleichtem Papier

Springer VS ist Teil von Springer Nature
Die eingetragene Gesellschaft ist Springer Fachmedien Wiesbaden GmbH

Inhalt

Einleitung: Verantwortung für die eigene Bildungsarbeit übernehmen

Aus Sicht der Professionalisierungsforschung kann die Selbstreflexion der Bildungsakteure als ein wesentliches Merkmal der Qualität von Bildungsprozessen angesehen werden. Bildungsprozesse sind danach nicht nach einmal erfolgter Planung Selbstläufer, die immer wieder in ähnlicher Weise gleichsam sicher und zielorientiert ablaufen, sondern bedürfen der ständigen reflexiven Erneuerung. Es geht dabei aber nicht nur um die Erneuerung oder gar ständige Optimierung von Bildungsangeboten, es geht auch um ein reflexives Selbstverständnis und damit um eine Stärkung der Bildungsakteure selbst. Es geht darum, dass man nicht atemlos – und letztlich vergeblich – seiner eigenen Praxis und ihrer schrittweisen Perfektionierung blind ausgeliefert ist und irgendwann erschöpft oder sogar resigniert aufhört, sich und die Praxis zu verändern. Vielmehr geht es um ein nachdenkliches, engagiertes und zugleich reflexiv-distanziertes Verhältnis zur eigenen Bildungspraxis. Eben diese Nachdenklichkeit fassen wir als ein wesentliches Qualitätsmerkmal von Bildungsprozessen auf. Die Idee eines reflexiven und zugleich praxisbezogenen Lernens wird durch den Begriff des „Reflective Practitioner" (Schön 1987) sehr gut auf den Punkt gebracht.

Eine in diesem Sinne kultivierte nachdenkliche und reflexive Haltung der Bildungsakteure kann sich – so die Grundannahme des Buches – auch auf die Teilnehmer von Bildungsveranstaltungen produktiv auswirken. Jemand, der sich sensibel seiner eigenen Bildungspraxis bewusst ist, kann auch auf die feinen nachdenklichen Signale der Teilnehmer achten und diese produktiv weiterführen.

Selbstreflexion war daher ein Kernelement des von der Deutschen Bundesstiftung Umwelt (DBU) finanzierten Modellprojekts (2012 – 2014) zur externen formativen Evaluation der Bildungsarbeit im Nationalpark Bayerischer Wald: „Qualitätsentwicklung in der Bildungsarbeit von Großschutzgebieten – Formative Evaluation der Bildungsangebote im Nationalpark Bayerischer Wald sowie Weiterbildung von Bildungsakteuren". Dieses Evaluationsprojekt wurde in einer Kooperation zwischen den Universitäten Hamburg und Regensburg und dem Nationalpark Bayerischer

Wald durchgeführt. Ein Ziel dieses Projekts war es, die Möglichkeiten einer kontinuierlichen Qualitätsentwicklung am Beispiel der Bildungsarbeit in einem Großschutzgebiet zu untersuchen und diesbezüglich Strukturen zu entwickeln, die auch auf andere Institutionen übertragbar sind.

Das zentrale Anliegen dieses Buches ist es nun, die Erfahrungen, die im Kontext dieser externen Evaluation gewonnen werden konnten, die Methoden und Instrumente, die entwickelt und erprobt wurden, in einer Weise zusammenzustellen und zu modifizieren, dass sie auch für die interne Qualitätsarbeit nutzbar sind. Die Herausforderung bei einem solchen Unterfangen besteht darin, die besagte Selbstreflexivität in der Bildungspraxis und auch in den Bildungsinstitutionen zu verankern. Letztlich geht es um die Überführung einer wissenschaftlich begleiteten Evaluation in eine interne Qualitätsarbeit, die auch ohne externe Begleitung auskommt. Die reflektierten Praktiker sind damit zugleich Ausgangspunkt und Zielvorstellung gelingender Bildungspraxis und sie übernehmen damit selbst Verantwortung für ihre eigene Bildungspraxis.

In der schulischen Bildungsarbeit ist der Ansatz, dass Kollegen sich gegenseitig begleiten und sich kritisch-konstruktive Rückmeldungen zu ihrer alltäglichen Praxis und den damit verbundenen Herausforderungen geben, ein breit diskutiertes und in vielen Schulen auch etabliertes Instrument der internen Evaluation. Anschaulich und anhand konkreter Beispiele aus dem Modellprojekt wird in diesem Buch die Übertragung des Ansatzes der kollegialen Hospitation in die außerschulische Bildungsarbeit aus inhaltlicher und methodischer Perspektive dargestellt. Dabei werden die für die externe Evaluation der Bildungsarbeit des Nationalparks Bayerischer Wald entwickelten Instrumente und Methoden auch anderen National- und Naturparks zur Verfügung gestellt.

Der Argumentationsgang des Buches fokussiert dabei vor allem auf die Bedingungen und Möglichkeiten der internen Qualitätsarbeit. Zwar werden in Kapitel 2 die grundlegenden Merkmale von Evaluationsprozessen im Allgemeinen benannt, jedoch werden diese in besonderer Weise im Hinblick auf die Formen und Möglichkeiten der internen gegenseitigen Begleitung ausgeführt. Relativ ausführlich und anschaulich wird sodann der Prozess der externen Evaluation im Modellprojekt im Bayerischen Wald dargestellt (Kapitel 3), um damit die Übertragung auf andere National- und Naturparks zu ermöglichen. Die Überführung der externen Evaluation in eine interne Evaluation mit Hilfe des Ansatzes der kollegialen Begleitung wird in Kapitel 4 beleuchtet. Dieser Ansatz wurde vor allem im Bereich der Schule entwickelt und wird dort vielfach angewendet. Bevor dieser Ansatz in den folgenden Kapiteln pragmatisch auf die spezifischen Bedingungen in National- und Naturparks übertragen wird, wird in Kapitel 5 zu einem bildungstheoretischen Exkurs eingeladen. Dieser Ausflug in die Bildungstheorie soll eine auf

Nachdenklichkeit zielende pädagogisch-didaktische Haltung fundieren, nach der besagte Selbstreflexivität und Nachdenklichkeit als ein wesentliches Merkmal von Bildungsprozessen anzusehen ist. Vor diesem Hintergrund werden dann Prinzipien gelingender, dialogischer Beratungen im Kontext der kollegialen Begleitung (Kapitel 6) und deren Anwendung in der Praxis (Kapitel 7) ausführlich entfaltet, wobei immer wieder auf Beispiele aus dem Modellprojekt zurückgegriffen wird.

Die insgesamt angestrebte selbstreflexive Bildungspraxis hat natürlich nur Chancen, wenn die kollegiale Begleitung nicht mit Prüfungs- oder Kontrollmechanismen konfundiert wird. Verantwortung für die eigene Bildungspraxis übernehmen kann man nur, wenn diese Verantwortlichkeit institutionell fest verankert ist. Daher verstehen wir die Förderung einer „Kultur des Vertrauens" (Kapitel 8) als Rahmenbedingung und fruchtbaren Nährboden für eine interne Qualitätsentwicklung.

Qualitätsentwicklung und Selbstevaluation in der Bildungsarbeit in National- und Naturparks 2

Für Institutionen der außerschulischen Umweltbildung gilt, wie für viele andere Bildungseinrichtungen auch, dass sie vor der Notwendigkeit stehen, „auf geänderte gesellschaftliche Rahmenbedingungen, auf veränderte Verhaltensweisen ihrer Zielgruppen und neue Anforderungen (…) gezielt reagieren zu müssen" (Kneffel & Reinbold 1996, 10). So ist beispielsweise im Schul- und Hochschulbereich aktuell eine breite Diskussion über Qualitätsentwicklung zu verzeichnen, bei der man sich mit Fragen eines professionellen Qualitätsmanagements und mit konkreten Methoden der Qualitätsentwicklung auseinandersetzt (vgl. Schnoor 2006; Hochschulrektoren-konferenz 2009; Müller-Neuendorf & Obermaier 2010; Deutsche Gesellschaft für Qualität e. V. 2015). Im Vergleich hierzu existieren im Bereich der außerschulischen Umweltbildung relativ wenige Beiträge, die sich mit der Qualität der Bildungsarbeit in National- und Naturschutzparks beschäftigen (u. a. Sächsische Landesstiftung Natur- und Umwelt Akademie 2007; Ludwig 2012; Schönfelder 2009).

Doch was bezeichnet der Begriff „Qualität"? Im Kontext der Betriebswirtschaft beispielsweise beschreibt DIN EN ISO 8402 Qualität als die Gesamtheit von Merkmalen einer Einheit (eines Produktes oder einer Dienstleistung) bezüglich ihrer Eignung, festgelegte und vorausgesetzte Erfordernisse zu erfüllen (Ditton 2010, 615; vgl. auch Kuper 2013, 201). Ein derart scharfes – aber dadurch auch sehr begrenztes – Verständnis von Qualität ist im Kontext von Bildung nicht angemessen. Welche „festgelegten" und „vorausgesetzten" Eigenschaften muss eine Lehrperson mitbringen, um „gute" Bildungsarbeit zu leisten? Ist ein autoritärer Lehrstil „geeigneter" als ein nicht-autoritärer Stil? Die Qualität von Bildungsarbeit ist durch eine Vielfalt von Interaktionen und unterschiedlichen Situationen gekennzeichnet. Für den praktischen Bildungsbereich bietet es sich an, ein Verständnis von Qualitätsentwicklung zugrunde zu legen, das „Qualität" multidimensional betrachtet und dabei Rahmenbedingungen, Prozesse, Situationen und auch Ergebnisse miteinbezieht (Harvey & Green, zit. n. Müller-Neuendorf & Obermaier 2010, 35).

Eine Bildungseinrichtung kann Maßnahmen zur Qualitätssicherung durchführen (oder extern durchführen lassen), die kontinuierlich und individuell auf sie abgestimmt sind. Damit soll die Qualität auf eine möglichst systematische Weise entwickelt bzw. verbessert werden. Dies ist das Anliegen eines bildungsbezogenen Qualitätsmanagements, das die Gesamtheit der Bedingungen, der Merkmale, des Personals sowie die Abläufe und die erzielten Ergebnisse einer Bildungsinstitution in den Blick nimmt (Ditton 2010, 614). Dabei muss „die allgemeine Programmatik, ebenso wie spezielle Angebote, Konzepte und (...) Strukturen" (Kneffel & Reinbold 1996, 10) einer fortlaufenden Evaluation unterzogen werden. In Einrichtungen, in denen eine Vielzahl von Akteuren und Interessen zusammenkommen, bedarf es eigener Strukturen, die dafür sorgen, dass Prozesse der Qualitätsentwicklung systematisch und zielgerichtet ablaufen (vgl. ebd., 11).

Eine systematische Qualitätsarbeit erfüllt dabei mehrere Funktionen, sowohl nach innen als auch nach außen (Schönfelder 2009, 4). Nach innen dient sie dazu, die inhaltliche Qualität der eigenen Arbeit zu überprüfen und zu fördern. Damit soll sichergestellt werden, dass gesetzte Ziele auch erreicht werden, teilweise auch, um diese überhaupt erst einmal klar herauszuarbeiten. Nach außen erfüllt die Etablierung qualitätssichernder und qualitätsfördernder Strukturen die Funktion nachzuweisen, dass mit den zur Verfügung gestellten finanziellen Mitteln verantwortungsvoll und auftragsgemäß umgegangen wird (Kneffel & Reinbold 1996, 11). Natürlich kann man Qualitätsentwicklung und -sicherung auch als komplexes Kontrollinstrument interpretieren, was nicht selten kritisch angemerkt wird. Schulische sowie außerschulische Bildungsinstitutionen stehen heute in der Pflicht, über die Qualität ihrer Arbeit Rechenschaft abzulegen. Es gilt, „Qualität, die sich bis dahin von selbst verstand, explizit zu machen: Bildungsberichte, Leitbilder, aber auch Evaluationen, die Evidenzen sichtbar machen sollen, sind nun gefragt" (Gonon 2015, 102). Bei Qualitätssicherung handelt es sich stets um ein komplexes Vorhaben. In der pädagogischen Praxis sollte die Entwicklung von Qualität und die Ausgestaltung des Prozesses alle Beteiligten miteinbeziehen und der Prozess sollte für alle einen erkennbaren Nutzen haben. Dies ist wichtig hinsichtlich der Akzeptanz aller daraus resultierenden Maßnahmen und kann nicht zuletzt eine zentrale Bedingung für den Erfolg von Qualitätssicherung sein (Ditton 2010, 618).

Was ist Evaluation?

Mit dem Aufkommen der Diskussion zur Qualitätssicherung im Bildungsbereich in den 1980er Jahren begann eine vertiefte Beschäftigung mit Evaluationen. Eine Evaluation ist eine vorübergehende, also zeitlich befristete Maßnahme, die, ebenso wie eine kontinuierliche Qualitätsentwicklung bzw. -sicherung eine Verbesserung von Qualität anstrebt. Evaluation kann definiert werden als die Überprüfung der Wirkung von Maßnahmen mittels empirischer Forschungsmethoden oder als Mittel der systematischen Zielentwicklung und -überprüfung, Strukturveränderung, Weiterbildung und Professionalisierung (vgl. Kneffel & Reinbold 1996, 42). Schönfelder (2009, 4) beschreibt Evaluation als „systematische Sammlung, Analyse und Bewertung von Informationen über Bildungsangebote".

Evaluationen werden in den unterschiedlichsten Bereichen eingesetzt: Bildungseinrichtungen wie Schulen und Hochschulen, berufliche und betriebliche Bildungs- und Weiterbildungseinrichtungen. Aber auch in politischen Bereichen (z. B. politische Bildung, Gesundheit), in Forschung und Transfer sowie in Verwaltungen werden Evaluationen durchgeführt.

Entsprechend vielfältig stellt sich die Umsetzung von Evaluationen in der Praxis dar (siehe ausführlich Balzer, Frey & Nenniger 1999). Im Kontext des vorliegenden Buches sind vor allem die Unterscheidungen „extern-intern" sowie „summativ-formativ" hilfreich (vgl. Schönfelder 2009):

- *Interne Evaluationen* werden von den Mitarbeiterinnen und Mitarbeitern einer Bildungseinrichtung selbst durchgeführt.
- *Externe Evaluationen* werden durch Personen durchgeführt, die der Einrichtung nicht angehören.
- *Summative Evaluationen* dienen der resümierenden Bewertung der Ergebnisse und Wirkungen der Bildungsarbeit.
- Bei *formativen Evaluationen* werden im Sinne einer prozessbegleitenden Qualitätsentwicklung die erhobenen Daten während der Evaluation an die Bildungsakteure zurückgemeldet und auf diese Weise die Bildungsangebote weiterentwickelt, eben „geformt".

Eine formative Evaluation kann als ein „sehr partizipatives und integratives Verfahren Handlungs- und Gestaltungsräume in einem Qualitätsmanagement" eröffnen (Müller-Neuendorf & Obermaier 2010, 38). Für eine eigenverantwortliche Selbstevaluation im Sinne einer formativen Evaluation ist eine pragmatische Eingrenzung des Begriffs Evaluation sinnvoll: So müssen nicht unbedingt datengestützte Aussagen vorliegen, die wissenschaftlichen Kriterien genügen, um zu einer evaluativen Beurteilung (und damit zukünftigen Verbesserung) zu gelangen. Dies ist im Unterschied zum Vorgehen in der Evaluationsforschung zu sehen, in der vor allem wissenschaftliche Forschungsmethoden eingesetzt werden (vgl. Wottawa & Thierau 2003, 13).

Somit eröffnet sich für die praktische Bildungsarbeit die Möglichkeit, auch ohne Zuhilfenahme von wissenschaftlichen Methoden eine Evaluation durchführen und damit ein breites Spektrum an möglichen Maßnahmen ergreifen zu können, die von der Professionalisierung des Handelns Einzelner bis hin zu Veränderungen in den Organisationstrukturen ganzer Bildungsinstitutionen reichen können. Standards für Evaluation bieten auch hier Orientierung für die Planung und erfolgreiche Umsetzung von Evaluationsmaßnahmen. Die Deutsche Gesellschaft für Evaluation nennt die folgenden vier Standards (vgl. DGEval 2008, 10 ff.):

1. Nützlichkeit
2. Durchführbarkeit
3. Fairness
4. Genauigkeit

Mit *Nützlichkeit* ist gemeint, dass sich die Evaluation am Informationsbedarf der Beteiligten ausrichtet. *Durchführbarkeit* soll sicherstellen, dass sie sinnvoll geplant und eine realistische Umsetzung bedacht wird, in der auch Kosten und Personalkraft mit einbezogen sind. *Fairness* hat zum Ziel, einen respektvollen und fairen Umgang mit allen beteiligten Personen zu gewährleisten (z. B. die Anonymisierung von Befragten und ihren Daten). *Genauigkeit* zielt auf möglichst exakte Ergebnisse. Damit ist die Forderung verbunden, dass Informationen zu den Evaluationsfragestellungen und deren Gegenstand eindeutig identifiziert werden können.

Selbstevaluation

In forschungsorientierten Kontexten wird versucht, „für Selbstevaluation eine exakte sozialwissenschaftliche Methodologie zu entwickeln" (Liebald 1998, 9). In eher praxisorientierten Kontexten dagegen werden unter Evaluation „zunächst alle selbstgewählten und -gesteuerten Aktivitäten einer Person oder Organisation zur Praxis- und Qualitätsentwicklung" (ebd.) verstanden.

Vor einer Selbstevaluationsmaßnahme ist festzulegen, was der Evaluationsgegenstand dieser Maßnahme sein soll, also was oder wer genau evaluiert werden und auf welcher Ebene damit Praxis weiterentwickelt werden soll. Die Maßnahme kann sich auf „bestimmte Mitarbeitergruppen, Teams oder Abteilungen" oder auch auf „die ganze Organisation" (ebd.) beziehen.

Die entscheidenden Vorteile, die eine Selbstevaluation gegenüber einer reinen Fremdevaluation bietet, sind die folgenden:

- eine höhere Identifikation der Beteiligten mit dem Evaluationsprozess,
- die Behandlung tatsächlich praxisrelevanter Themen und Fragen und
- der Einsatz niedrigschwelliger, leicht anwendbarer Verfahren (vgl. Liebald 1998, 10).

In diesem Buch wird ein von den Autoren in Kooperation mit dem Nationalpark Bayerischer Wald erprobter Ansatz zur Selbstevaluation im Sinne einer formativen Evaluation vorgestellt und in einer Weise anschaulich beschrieben, dass er auf andere National- und Naturparks übertragbar ist. Dieses Modellprojekt wird in Kapitel 3 ausführlich vorgestellt. Dort wurde – mit externer wissenschaftlicher Begleitung – auf mehreren Ebenen evaluiert. Neben der Performanz der Bildungsakteure wurde auch ein Leitbild entwickelt und es erfolgte eine Bestandsaufnahme des didaktischen Gehalts eines Großteils des breit gefächerten Bildungsangebots. Dabei wurden touristische Teilnehmer, Schulklassen und Lehrer in Interviews und mit Fragebogen befragt. Diese Daten wurden durch die externe Begleitung erhoben, ausgewertet und aufbereitet. Dann wurden diese Ergebnisse der bildungsbezogenen Reflexion den in der Bildungsarbeit des Nationalparks tätigen Personen (festangestellte pädagogische Mitarbeiter und leitende Mitarbeiter der Verwaltung, Nationalpark-Ranger und ehrenamtliche Waldführer) zugeführt. Fremd- und Selbstevaluation müssen also keine Gegensätze sein, sondern sind im Idealfall zwei Seiten einer Medaille, die einander sehr gut ergänzen können.

Selbstevaluation ist im Kontext von Maßnahmen der kollegialen Hospitation (die den Schwerpunkt dieses Buches bilden) als ein Verfahren zu verstehen, das „vorrangig auf die Verbesserung der systematischen Selbstreflexion und des fachlichen Handelns" (ebd.) von Bildungsakteuren abzielt und damit einen Beitrag zu deren Professionalisierung darstellt.

Phasen und Zyklen der Evaluation

Eine Abfolge bestimmter Phasen hat sich als sinnvoll erwiesen, um einen systematischen und erfolgreichen Ablauf von Evaluationsmaßnahmen zu gewährleisten. Diese sind (u. a. verändert nach Kneffel & Reinbold 1996, 44):

1. Grundlage der Evaluation: Definition der zu evaluierenden Maßnahme
2. Zielsetzung und Fragestellungen formulieren
3. Untersuchungsbereich eingrenzen
4. Fragestellung eingrenzen und präzisieren (Grob- und Feinziele festlegen)
5. Informationsquellen identifizieren

6. Indikatoren festlegen
7. Erhebungs- und Auswertungsmethoden bestimmen
8. Maßnahmen durchführen, Daten erheben und auswerten
9. Ergebnisse aufbereiten
10. Ergebnisse reflektieren und diskutieren, Schlussfolgerungen ziehen, Praxis
    verändern.

Diese Phasenabfolge ist in zahlreichen Publikationen über Evaluation wiederzu-
finden (neben Heiner 1988 u. a. auch bei Kneffel & Reinbold 1996; Liebald 1998;
Balzer, Frey & Nenniger 1999; Schönfelder 2009). Häufig anzutreffen ist auch die
zyklische Darstellung dieser Phasen. Diese Darstellung verweist darauf, dass Qualitätsentwicklung ein fortlaufender und prinzipiell nie abgeschlossener Prozess ist.

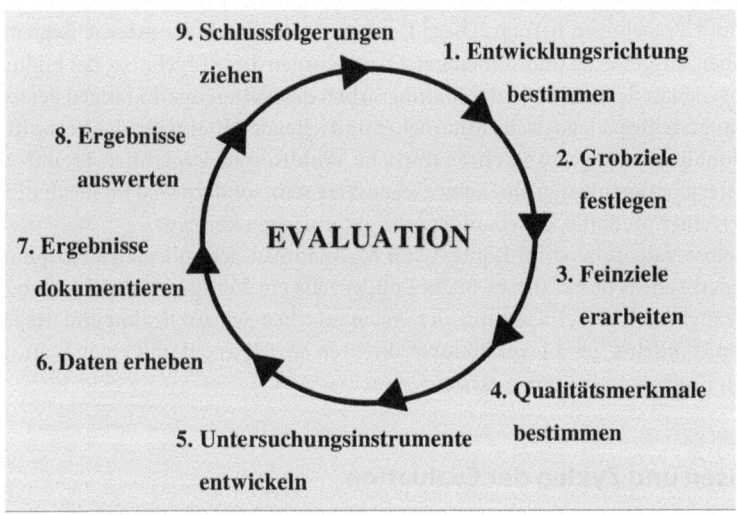

Abb. 1   Evaluationszyklus, verändert nach Schratz (Schönfelder 2009, 4)

In vereinfachter Form lässt sich diese zyklische Perspektive auch auf reflexive Prozesse
einzelner Bildungsakteure sowie auf das Verfahren der kollegialen Begleitung übertragen. Jede einzelne Begleitung eines Kollegen durch einen Kollegen ist hier als ein
Zyklus zu verstehen, in dem Ziele, Fragen und Beobachtungsschwerpunkte festgelegt
und Beobachtungen gemacht werden, die anschließend diskutiert werden, um die
eigene Bildungspraxis vor diesem Hintergrund zu hinterfragen (siehe Kapitel 7).

Prozessbezogene Selbstevaluation im Bereich der außerschulischen Umweltbildung

In den folgenden Abschnitten wird erläutert, aus welchen Gründen der Ansatz der kollegialen Hospitation (Schaedler & Skorsetz 2008) für die außerschulische Bildungsarbeit in National- und Naturparks besonders geeignet ist. Bethlehem et al. (2001) verweisen darauf, dass nicht nur die Bildungsakteure, sondern auch die Teilnehmer Einfluss auf den Prozess und die Ergebnisse von Bildungsveranstaltungen nehmen. Die Teilnehmer sind „gleichzeitig Adressat und Teil des Produktionsprozesses" und daher „an ihm beteiligt" (ebd., 15). Eine durchgeführte Bildungsveranstaltung ist daher nicht ein vorab „hergestelltes" Produkt und ist durch folgende Eigenschaften gekennzeichnet:

- *Immaterialität*: Eine Bildungsmaßnahme ist kein feststehendes, greifbares Objekt, sondern ein flüchtiger Prozess.
- *Gleichzeitigkeit*: Die Durchführung einer Bildungsmaßnahme durch den Bildungsakteur und die Inanspruchnahme durch die Teilnehmer/Gäste erfolgen simultan.
- *Teilnahme der Gäste:* Die Bildungsmaßnahme ist ein interaktiver Prozess, in dem Handlungen des Bildungsakteurs und der Teilnehmer/Gäste wechselseitig auf einander bezogen sind.

Aus diesen Besonderheiten folgt, dass bei einer Selbstevaluation die Perspektiven und Interessen der Adressaten der Bildungsarbeit in den Prozess einzubeziehen und – z. B. mittels Fragebögen – deren Zufriedenheit mit den Angeboten und mögliche Änderungswünsche in Erfahrung zu bringen sind.

Wirkungsbezogene und prozessbezogene Qualität

Während bei klassischen Dienstleistungen *technische* Aspekte der *Ergebnis- und Wirkungsqualität* im Vordergrund stehen (z. B. Erfolg, Effizienz und Preis-/Leistungsverhältnis), zeichnen sich pädagogische Angebote dadurch aus, dass dabei *interpersonelle Komponenten* eine wichtige Rolle spielen, die dem Bereich der *Prozessqualität* zuzuordnen sind (vgl. Bethlehem et al. 2001, 16). Daraus ergibt sich für Gästeführungen im Bereich der Umweltbildung ein vergleichsweise niedriger „Standardisierungsgrad" (Quartapelle & Larsen 1996, 118, zit. nach Bethlehem et al. 2001, 16). Dieser ist „u. a. auf ein hohes Bedürfnis nach der Individualisierung des Service sowie auf eine extrem hohe Beteiligung" (ebd.) der Bildungsdurchführenden am Prozess selbst zurückzuführen.

Zu unterscheiden ist zudem die außerschulische Bildungsarbeit von Bildungsmaßnahmen im schulischen Kontext: Die Teilnahme an außerschulischen Bildungsveranstaltungen basiert zum einen zumeist auf Freiwilligkeit, zum anderen handelt es sich in der Regel um Einzelveranstaltungen. Im Unterschied zur schulischen Bildung bietet es sich daher weitaus weniger an, die Qualität der Bildungsprozesse an ihrem Output zu messen. Leistungsüberprüfungen, mittels derer Kompetenzzuwächse der Teilnehmer überprüft werden, stellen im Bereich der Schule ein zentrales Mittel der Qualitätskontrolle dar. Im Kontext der außerschulischen Bildungsarbeit ist dies weder sinnvoll noch zielführend. Schon von daher kommt Aspekten der prozessbezogenen Qualität in der Bildungsarbeit von National- und Naturparks eine herausgehobene Bedeutung zu.

Dennoch haben auch wirkungsbezogene und quantitative Ansätze der Qualitätsarbeit, die mit überprüfbaren und vergleichbaren Daten arbeiten (die sich zumeist in Kennzahlen oder mithilfe von Grafiken ausdrücken lassen), ihre sinnvollen Anwendungsgebiete, wie die folgende Auswahl wirkungsbezogener Fragen (zum Teil aus dem Modellprojekt im Nationalpark Bayerischer Wald) verdeutlicht:

- Welche Führungen werden am häufigsten gebucht?
- Wie zufrieden sind die Gäste mit den verschiedenen Führungen?
- Wie haben sich die Besucherzahlen entwickelt?
- In welchen Führungen wird das Thema Totholz behandelt?

Bei dem in diesem Buch beschriebenen Ansatz der kollegialen Hospitation liegt der Schwerpunkt weniger auf den *wirkungsbezogenen* Komponenten, die den „Output" messen, als vielmehr auf den *prozessbezogenen* Komponenten der Qualität von Führungen und Bildungsangeboten.

In der Praxis sind die wirkungsbezogenen und prozessbezogenen Ebenen kaum voneinander zu trennen, da eine gelungene Bildungsmaßnahme eine gute Prozessgestaltung ebenso bedingt, wie diese allein kein Garant dafür ist, dass bildungsbezogene Ziele auch tatsächlich erreicht werden. Der Ansatz der kollegialen Hospitation erscheint hier als äußerst fruchtbar, da er innerhalb einer differenzierten Betrachtung der Prozessqualität in der flüchtigen Interaktion auch den Austausch über inhaltlich-technische Komponenten (z. B. sachliche Richtigkeit von Informationen, Passung zum bestehenden Leitbild etc.) der Führungspraxis ermöglicht und daher auf der Ebene der Bildungsakteure eine Brücke zwischen beiden Welten schlägt.

Kollegiale Hospitation: Wahrnehmung und Interpretation statt Messung

Das, was Prozessqualität der Bildungsarbeit ausmacht, lässt sich eher individuell und kontextbezogen interpretieren als in Zahlen und Fakten ausdrücken: „Quantitative Daten sind eine notwendige Informationsquelle, erhalten ihren Wert aber erst im Rahmen der fachlichen Einschätzungen der Fachkräfte aus dem betroffenen Wirkungsfeld" (Bethlehem et al. 2001, 19).

Dort, wo eine direkte Messung der Qualität mithilfe von Kennzahlen nicht ausreicht, um Qualität zu beschreiben, ist der Gebrauch von Indikatoren (beobachtbare Handlungen, Interaktionen, Verhaltensweisen) angezeigt. Diese werden möglichst gemeinsam mit den beteiligten Bildungsakteuren entwickelt (siehe Kapitel 3).

Um die unterschiedlichen Dimensionen der Qualität von Maßnahmen abzudecken, bei denen die soziale Interaktion zwischen „Anbietern" und „Nutzern" eine gewichtige Rolle spielt, empfehlen Bethlehem et al. (2001, 21), mehrere Ansätze der Qualitätsbewertung miteinander zu kombinieren:

- Mittels *Umfragen* kann die Nutzerzufriedenheit erfasst werden.
- Durch *Inspektionen* kann mithilfe systematischer Bewertungsinstrumente oder Kennzahlen die Umsetzung eines Leitbildes u. ä. überprüft werden.
- Wenn es vor allem darum geht, im Einzelfall professionell zu handeln, ist der Ansatz einer *kollegialen Begleitung* zielführend.

Wesentliche Bereiche des pädagogischen Vermittlungsprozesses entziehen sich der Beschreibung und Beurteilung mithilfe von Kennzahlen, sondern erfordern eine differenzierte und auf die jeweilige Situation bezogene individuelle Interpretation – am besten im Dialog mit Fachkollegen, da diese in der Lage sind, die komplexen Situationen erfahrungsgeleitet angemessen zu erfassen und zu beurteilen (vgl. Liebald 1998, 10). Der Ansatz der kollegialen Hospitation (Schaedler & Skorsetz 2008) bietet in der internen Qualitätsarbeit einen Rahmen, in dem auf der Ebene der Bildungsakteure eine solche Interpretation systematisch stattfinden kann und für die bildungsbezogene Reflexion fruchtbar gemacht werden kann. Die Bildungsakteure, also die Adressaten dieses Ansatzes zur internen Qualitätsarbeit, begleiten sich dabei gegenseitig: Sowohl werden sie begleitet als auch sind sie selbst Begleiter. „Eines der bemerkenswertesten Kennzeichen von Selbstevaluationen ist, dass die Durchführenden zugleich Untersuchende (= Subjekt) und Untersuchte (= Objekt) der Evaluationsmaßnahme sind" (Liebald 1998, 11). Dadurch kann sowohl die Akzeptanz der Maßnahme selbst als auch deren tatsächlicher praktischer Nutzen gewährleistet werden.

Ein Praxisbeispiel – Begleitung von Waldführern und Rangern im Nationalpark Bayerischer Wald

In diesem Kapitel sind die Praxiserfahrungen zusammengefasst, die im Rahmen eines Projekts zur Qualitätsentwicklung der Bildungsarbeit in Großschutzgebieten gewonnen wurden.

Anhand dieses Projekts soll in den folgenden Abschnitten beispielhaft verdeutlicht werden, wie die Umsetzung einer kollegialen Begleitung konkret aussehen kann, welche Schritte dabei unternommen und welche Ergebnisse erzielt werden können. Dabei wird ein Einblick in Organisation und Ablauf gegeben und es werden Aspekte angeführt, die zu einer gelingenden Zusammenarbeit mit vielen unterschiedlichen Einzelpersonen und Interessengruppen beitragen können. Es werden auch Schwierigkeiten und Herausforderungen dargestellt, die bei der Durchführung einer kollegialen Begleitung zu möglichen Stolpersteinen werden können.

Insgesamt sind hinsichtlich des dargestellten Modellprojekts zwei Komponenten bzw. Dimensionen zu berücksichtigen: eine fachlich-inhaltliche Dimension, die sich auf die inhaltlichen Ziele und Qualitätsmerkmale der Bildungsarbeit, die Erarbeitung eines Leitbilds, die Erstellung und Anwendung von Instrumenten und die Auswertung der Ergebnisse bezieht, sowie eine psychisch-emotionale Dimension, bei der die Etablierung einer gegenseitigen Begleitung im Vordergrund steht, die so beschaffen sein soll, dass die Beteiligten sie als Bereicherung empfinden und sich sicher fühlen. Um den Bildungsakteuren diese Sicherheit während der Begleitungen und während der Feedbackgespräche zu vermitteln, ist es wichtig eine vertrauensvolle Atmosphäre im Sinne einer „Kultur des Vertrauens" herzustellen (siehe Kapitel 8).

Am Schluss dieses Kapitels werden diejenigen Erfahrungen hervorgehoben, die auf andere Projekte übertragbar sind und somit hilfreiche Hinweise für diejenigen bieten können, die ein ähnliches Vorhaben in Angriff nehmen möchten.

Das Modellprojekt „Qualitätsentwicklung in der Bildungsarbeit von Großschutzgebieten"

Das Projekt „Qualitätsentwicklung in der Bildungsarbeit von Großschutzgebieten – Formative Evaluation der Bildungsangebote im Nationalpark Bayerischer Wald sowie Weiterbildung von Bildungsakteuren" war ein von der Deutschen Bundesstiftung Umwelt (DBU) finanziertes Modellprojekt, das in einer Kooperation zwischen den Universitäten Hamburg und Regensburg und dem Nationalpark Bayerischer Wald durchgeführt wurde. Ein zentrales Ziel dieses Projekts war es, die Möglichkeiten einer kontinuierlichen Qualitätsentwicklung am Beispiel der Bildungsarbeit in einem Großschutzgebiet auszutarieren und einen Ansatz der Selbstevaluation zu entwickeln, der auch auf andere National- und Naturschutzparks oder ähnliche Institutionen übertragbar ist.

Über einen Zeitraum von zwei Jahren, in den Jahren 2012 bis 2014, fanden zahlreiche Begleitungen von Bildungsangeboten und mehrere Fortbildungsworkshops mit den Bildungsakteuren statt. In den Workshops wurde von den Bildungsakteuren ein Leitbild ihrer Bildungsarbeit im Nationalpark Bayerischer Wald entwickelt und auf Grundlage dieses Leitbilds wurden Beobachtungsinstrumente erstellt. Diese Instrumente wurden anschließend im Rahmen der Begleitungen von Führungen und Veranstaltungen im Nationalpark – zunächst extern durch zwei wissenschaftliche Mitarbeiter – eingesetzt und dann ausgewertet. Da zwischen den Begleitungen ein kontinuierlicher Austausch zwischen den verschiedenen Akteuren stattfand, konnten die Instrumente im Laufe des Evaluationsprozesses weiter angepasst und verfeinert werden.

Das Prinzip der kollegialen Hospitation (Schaedler & Skorsetz 2008, siehe Kapitel 4) diente als Vorlage und konzeptioneller Rahmen, um die Überführung einer wissenschaftlich begleiteten formativen Evaluation in eine interne Qualitätsarbeit anzubahnen, die nach Ende des Projektes auch ohne externe Unterstützung auskommt.

Dass dieser Übergang am Ende des Projekts insofern gelungen ist, als die kollegiale Begleitung als Instrument der internen Qualitätsentwicklung fest in den Bildungsarbeit des Nationalparks implementiert werden konnte, ist sehr erfreulich, da zu Beginn des Projekts überhaupt nicht klar war, ob es von den Bildungsakteuren angenommen werden würde. Retrospektiv sind dabei zwei Aspekte besonders hervorzuheben:

Erstens wurden die für die kollegiale Begleitung nötigen Strukturen nicht „von oben" verordnet, sondern mit der nötigen Sensibilität und unter Einbezug aller Akteure allmählich aufgebaut. Sie sind daher auf die Bedürfnisse der Bildungsakteure (der Waldführer und Ranger) zugeschnitten. Sie sollten es auch sein, da die kollegiale Begleitung nur dann ihre Wirkung entfalten kann, wenn sie von den Ausführenden gewollt und in ihrer konkreten Ausgestaltung akzeptiert und gutgeheißen wird. Ist das nicht der Fall, dann könnten Begleitung und Beratung auch schnell zur Kontrolle werden (siehe Kapitel 6). Dies wäre der Qualität eher abträglich, da durch den damit verbundenen Verlust an Freiheit und Eigenständigkeit der *produktive Eigensinn* der Bildungsakteure, also die ganz persönliche, authentische Interpretation der eigenen Rolle sowie der Ausgestaltung der eigenen Führungen, eingeschränkt würde. Insbesondere trug der partizipative Ansatz des Projektes dazu bei, dass bei der Evaluation der Bildungsarbeit die verschiedenen Kompetenzen aller Bildungsakteure zur Geltung gekommen sind. Der Wunsch der Bildungsakteure, sich in ihrer Arbeit weiter zu professionalisieren, „noch besser zu werden", ihre bildungsbezogenen Ziele noch effizienter vermitteln zu können, den Gästen die ökologischen Zusammenhänge, aber auch die Schönheit „ihres" Schutzgebiets noch näher zu bringen, bildeten den fruchtbaren Boden, der das Projekt zu einem Erfolg werden ließ.

Zweitens haben Bildungsakteure und Verwaltung des Nationalparks die in diesem Buch beschriebene Form der Qualitätsarbeit am Ende des zweijährigen Modellprojekts in der Neufassung ihres Bildungsplans fest verankert. Damit ist die kollegiale Begleitung zu einem integralen Bestandteil und Qualitätsmerkmal der Bildungsarbeit im Nationalpark Bayerischer Wald geworden.

Ziele des Modellprojekts

Nicht in erster Linie die Ergebnisse des Evaluationsprojektes sind von Interesse, sondern die Förderung einer selbstreflexiven Haltung gegenüber der eigenen Bildungspraxis ist als das eigentliche Evaluationsziel und als das entscheidende Qualitätskriterium der Bildungsarbeit anzusehen. Dieser Gedanke hebt hervor, dass dabei nicht vordergründiger „Output" im Mittelpunkt des Evaluationsprojektes stand, sondern eine „selbstreflexive" Haltung der Bildungsakteure zu begünstigen, die über das Projekt hinaus Früchte trägt. Hinsichtlich des Ziels einer kontinuierlichen Qualitätsarbeit stellt das Infragestellen von Inhalten und Methoden der eigenen Bildungsarbeit selbst – vom Waldführer bis zur Leitungsebene – *das* entscheidende Qualitätsmerkmal dar, das es zu erreichen gilt. Eine lebendige Pädagogik, die ständig sich wandelnden Anforderungen und Zielgruppen gerecht werden möchte, braucht die Möglichkeit, sich selbst regelmäßig zu hinterfragen und auch erneuern zu können. Interne Qualitätsarbeit „von unten", die nach partizipativen Prinzipien angelegt ist, entspricht für komplexe Organisationen in etwa dem, was auf der Ebene des Individuums als Introspektion bezeichnet wird: der gezielte, differenzierte und tiefgehende Blick auf und in sich selbst. Sie ermöglicht es sowohl Einzelnen als auch der Institution als solcher, sich (immer wieder) zu finden, ohne sich quasi gewaltsam neu erfinden zu müssen.

Eine solche Selbstreflexivität stellt sich nicht plötzlich ein. Das Ziel, eine selbstreflexive Haltung zu etablieren, brauchte – ebenso wie das Vorhaben, Akzeptanz für die kollegiale Hospitation zu schaffen – einen inhaltlichen Anlass. Daher bildeten die folgenden, auf die Qualität der Bildungsarbeit bezogenen Aspekte die inhaltlichen Ziele der gemeinsamen Arbeit im Projekt:

1. Erarbeitung eines konsensfähigen und produktiven Leitbilds der Bildungsarbeit im Nationalpark Bayerischer Wald.
2. Überprüfung des Ist-Zustandes der Bildungsarbeit anhand der Kriterien des erarbeiteten Leitbilds.
3. Veränderungen der eigenen Führungspraxis, die die Akteure aus der bildungsbezogenen Reflexion ihrer eigenen Erfahrungen und der Ergebnisse der Überprüfung des Ist-Zustandes (2.) ableiten.
4. Formaler Übergang des Projekts in eine interne gegenseitige Begleitung durch freiwillige Vereinbarungen zwischen den Bildungsakteuren und Etablierung unterstützender Strukturen durch die Nationalparkleitung.

Chronologischer Abriss des Projekts und Beschreibung des Vorgehens bei der externen Begleitung

In der Einführungsveranstaltung zum Projektauftakt im „Wildniscamp" am Falkenstein stellten Vertreter des Nationalparks Bayerischer Wald und der Universität Hamburg Anfang 2012 das gemeinsame Vorhaben vor. Neben theoretischen Grundlagen der formativen Evaluation und Ausführungen zur Bedeutung von Naturerfahrungen für umweltverträgliches Handeln, sowie einer konkreten Planung zum Vorgehen im Projekt, wurden die Wünsche und Bedürfnisse der Beteiligten an das Evaluationsprojekt dargelegt und diskutiert. Den Beteiligten wurde verdeutlicht, dass die Evaluation gemäß eines symbiotischen Ansatzes (Gräsel & Parchmann 2004) in enger Zusammenarbeit von Wissenschaft und Praxis erfolgt. Dabei trägt eine externe wissenschaftliche Begleitung dazu bei, die inhaltliche Qualität der Ausgestaltung der bildungsbezogenen Evaluationsarbeit zu sichern. Der intensive Einbezug der Praxis fördert hingegen zum einen die Akzeptanz des Vorhabens und zum anderen eine reflektierte praxistaugliche Ausgestaltung der Evaluationsarbeit auf Seiten der Bildungsakteure. Der damit angestoßene Reflexionsprozess im Kreise der Bildungsakteure sollte auch dazu beitragen, langfristig eine selbstständige

Überprüfung der Bildungsarbeit – im Sinne einer internen Evaluation – zu initiieren (vgl. Giesel 2007; Gräsel & Parchmann 2004).

In den Folgemonaten wurden mehrere Grundlagenworkshops durchgeführt, um gemeinsam mit den Bildungsakteuren ein inhaltliches und methodisches Fundament für die formative Evaluation zu erarbeiten. Ziel der Workshops war es, inhaltliche und methodische Schwerpunkte der Bildungsarbeit im Nationalpark zu diskutieren, sich gegenseitig zu informieren und sich über zu evaluierende Bereiche auszutauschen. Um alle Lernorte einzubeziehen und damit die externen Begleiter die verschiedenen Lernorte kennenlernen konnten, fanden die Workshops in unterschiedlichen Bildungseinrichtungen und Besucherzentren des Nationalparks statt. Mitarbeiter der Nationalparkverwaltung und der universitären Projektpartner nahmen an allen Workshops teil und moderierten sie.

Neben den erarbeiteten bildungsrelevanten theoretischen Ansätzen wurden im Projekt insbesondere die Bedürfnisse der Praktiker sehr ernst genommen. In einem weiteren Workshop wurden diese zwecks Erarbeitung eines Leitbilds der Bildungsarbeit zusammengetragen und dokumentiert. Die Aufzeichnungen wurden anschließend von der Hamburger Arbeitsgruppe computergestützt kategorisiert. Die sieben Kategorien (eine achte Kategorie kam noch bei Veranstaltungen mit Schulklassen hinzu), die dabei gewonnen und im weiteren Verlauf des Modellprojekts als „Evaluationsaspekte" bezeichnet wurden, bildeten die Säulen des neu erarbeiteten Leitbilds:

1. Bildungsziele des Nationalparks Bayerischer Wald werden vermittelt.
2. Biologisch-ökologisches Wissen wird vermittelt.
3. Ein Nachdenken über Natur wird angeregt.
4. Ein Nachdenken über nachhaltige Entwicklung wird angeregt.
5. Naturerfahrungen werden ermöglicht.
6. Interesse an Natur wird gefördert.
7. Didaktisch-methodische Aspekte werden berücksichtigt.
8. Inhalte von Lehr- und Rahmenplänen werden berücksichtigt (bei Veranstaltungen für Schulklassen).

Die Hauptkategorien waren jeweils in mehrere Unteraspekte untergliedert. So enthielt beispielsweise der Evaluationsaspekt 5, „Naturerfahrungen werden ermöglicht" Unteraspekte, in denen es um den Einbezug mehrerer Sinne, den Umgang der Bildungsakteure mit Angst und Ekel sowie um die Möglichkeit der Teilnehmer ging, Phasen der Naturbegegnung ohne Anleitungen durch die Waldführer zu erleben. Auf solche Unterkategorien wird hier nicht näher eingegangen.

Vom Leitbild zu den Instrumenten

Die Formulierung der Evaluationsaspekte mündete in den nächsten Projektschritt, die Entwicklung der Evaluationsinstrumente. Diese Instrumente wurden in einem ausführlichen Prozess und unter Einbeziehung weiterer externer Experten an der Universität Hamburg entwickelt. Ergebnisse dieses Prozesses waren ein *Protokollbogen*, um die während der Begleitungen gemachten Beobachtungen systematisch zu dokumentieren, ein *Gesprächsleitfaden für die Gespräche zwischen Beobachter und Bildungsakteuren im Anschluss an eine begleitete Führung, sowie mehrere Fragebögen*, mit deren Hilfe die Einschätzungen von Teilnehmern (touristische Gäste, Schüler, Lehrkräfte) hinsichtlich der erarbeiteten Evaluationsaspekte erhoben werden konnten.[1]

Nachdem die Instrumente erstellt worden waren, erfolgte deren Anwendung im Rahmen einer nicht-teilnehmenden Begleitung von Führungen. „Nicht-teilnehmend" bedeutet, dass die Begleitperson sich als begleitende Person zu erkennen gibt, aber möglichst nicht aktiv in das Führungsgeschehen eingreift, sich also im Hintergrund hält und keine Fragen stellt. (In der Praxis hat es sich bewährt, dass die Begleitung sich vor Beginn der Führung kurz als Person vorstellt, die „etwas über die Führungen lernen" möchte. So können neugierige Nachfragen der Gäste und damit eine ungewollte Verfälschung der Führungssituation weitgehend vermieden werden.)

Von September 2012 bis Oktober 2014 begleiteten die beiden wissenschaftlichen Mitarbeiter der Universität Hamburg Führungen und Veranstaltungen im Nationalpark, füllten dabei bei jeder begleiteten Führung einen Protokollbogen aus und befragten Nationalparkgäste, Schüler und Lehrer mittels Fragebögen. Im Anschluss an eine Führung erfolgte ein *Feedbackgespräch*, in dessen Verlauf der ausgefüllte Protokollbogen dazu diente, dem begleiteten Bildungsakteur die hinsichtlich der Evaluationsaspekte protokollierten Beobachtungen zurückzuspiegeln, um anschließend darüber ins Gespräch zu kommen und so eine Reflexion des Bildungsakteurs über die eigene Führungsarbeit anzustoßen (zur Gestaltung solcher Gespräche siehe die Kapitel 6 und 7).

Im Projekt erfolgte die Auswertung der Daten jeweils zwischen den Phasen, in denen Begleitungen stattfanden.

---

1   Bei der internen Qualitätsarbeit ohne externe Begleitung kann hier die Gefahr bestehen, sich mit Daten zu überladen, die dann nicht adäquat ausgewertet werden können. Der Schwerpunkt des in diesem Buch vorgeschlagenen Vorgehens liegt auf dem Prinzip der kollegialen Hospitation, also der gegenseitigen Begleitung unter Einsatz eines Protokollbogens.

Tab. 1 Phasen des Modellprojekts im Nationalpark Bayerischer Wald

Phase	Zeitpunkt/Dauer
Erstes Treffen: Information über Evaluation und die Arbeitsweisen im Projekt und Austausch der Bildungsakteure über Motive und Zielsetzungen ihrer Arbeit.	März 2012
Vier Fortbildungs-Workshops für Bildungsakteure; Themen: Ziele der Bildungsarbeit, Motivation und Interesse, Alltagsvorstellungen, Bildung für nachhaltige Entwicklung, didaktische Prinzipien und Lehrmethoden.	Mai bis Juni 2012
Erste Begleitungen von Führungen durch die externen Begleiter, um die Praxis und die Organisationsformen der Bildungsarbeit vor Ort kennenzulernen.	Juli 2012
Workshop „Leitbild und Evaluationsziele"; Rekonstruktion des Leitbilds und Rückmeldung an die Bildungsakteure; Verabschiedung des Leitbilds.	Juli bis August 2012
Begleitung von Bildungsakteuren durch zwei externe wissenschaftliche Mitarbeiter; Befragung von touristischen Nationalparkgästen, Schulklassen und Lehrern mittels Fragebögen und Interviews.	September 2012 bis Februar 2013
Workshop zur Rückmeldung erster Zwischenergebnisse an die Bildungsakteure, Diskussion und Nachjustierung der Erhebungsinstrumente.	März bis April 2013
Zweite Phase von Begleitungen sowie Datenerhebungen mittels Fragebögen und Interviews.	April bis Juli 2013
Rückmeldung von Zwischenergebnissen an die Bildungsakteure und die Leitung des Nationalparks in einem Workshop; Absprache, welche Führungen noch begleitet werden sollen.	August 2013
Dritte Phase von Begleitungen sowie Datenerhebungen mittels Fragebögen und Interviews.	September bis Oktober 2013
Rückmeldung von spezifischen Ergebnissen an unterschiedliche Gruppierungen von Bildungsakteuren innerhalb des Nationalparks; Workshop zur Planung des Übergangs in die interne gegenseitige Begleitung.	Oktober bis November 2013
Auswertung der audiografierten Interviews, Abschlusstagung, Verfassen des Berichts der wissenschaftlichen Begleitung.	Dezember 2013 bis Juni 2014
Begleitung des Übergangs in die interne gegenseitige Begleitung; Fortbildungsworkshops zu Feedbackmethoden	Juli 2014

Die Kooperation zwischen dem Nationalpark Bayerischer Wald und den Universitäten Hamburg und Regensburg wurde im Anschluss an das Projekt fortgesetzt.

Leitbildarbeit

Qualitätsarbeit kann nicht im luftleeren Raum stattfinden. Sie muss sich an Kriterien orientieren, die bestimmen, was die Güte von Bildungsangeboten ausmachen soll. Nur mit Hilfe solcher Kriterien kann einerseits die Qualität von Bestandteilen (z. B. Führungen) eines Bildungsprogramms ermittelt werden und können andererseits verändernde Maßnahmen erarbeitet werden, die zur Erhöhung dieser Qualität beitragen sollen (vgl. Schönfelder 2009).

Die Festlegung von Gütekriterien oder Entwicklungszielen ist ein zentraler Moment im Evaluationsprozess (vgl. Schratz 2003), werden doch alle weiteren Aktivitäten und Maßnahmen daran ausgerichtet. Kriterien können beispielsweise in Form eines *Leitbilds* dargelegt werden. Ein Leitbild stellt eine „handlungsleitende Zielsetzung" dar, die festlegt, was unter Qualität zu verstehen ist (Schönfelder 2009). Die Entwicklung profilbildender Leitbilder ist ein kontinuierlicher Prozess, bei dem sowohl die Qualität der Umsetzung des Leitbildes anhand von Indikatoren als auch dessen Passung zum Lernort sowie zum Stand der Forschung fortlaufend zu überprüfen und gegebenenfalls weiterzuentwickeln sind (Schönfelder & Bögeholz 2009).

Ein tragfähiges Leitbild vermittelt zwischen abstrakten Grundsätzen („Wir wollen Menschen für die Natur begeistern") und konkreten Handlungsanweisungen („Am Wolfsgehege wollen wir mit den Gästen Möglichkeiten der Koexistenz von Mensch und Wolf erörtern"). Die Stärke eines Leitbildes bemisst sich unter anderem darin, wie gut es den Spagat zwischen Allgemeinem und Speziellem schafft. Gelingt dieser, dann ist das Leitbild als „Roter Faden" einerseits ein verbindendes Element der Bildungsarbeit und lässt andererseits den einzelnen Bildungsakteuren immer noch große Freiräume zur individuellen und authentischen Ausgestaltung ihrer Programme und Führungen. In eben dieser Doppelfunktion wurde und wird das im Rahmen des Modellprojekts erarbeitete Leitbild von den Beteiligten geschätzt und als Bereicherung angesehen.

In einem Workshop „Evaluationsziele", der eine wichtige Gelenkstelle darstellte, wurden daher mit einer größtmöglichen Anzahl von Bildungsakteuren die zentralen Fragen herausgearbeitet, auf die im Rahmen der Qualitätsarbeit das Augenmerk gelegt werden sollte. Die Bildungsakteure waren dazu aufgefordert, vor dem Hintergrund ihrer Praxis und ihrer persönlichen Motive die bildungsbezogenen Ziele zu notieren, die ihnen für die Bildungsarbeit im Nationalpark wichtig waren und über die sie durch die Erhebungen im Rahmen des Evaluationsprozesses Aufschluss zu erhalten wünschten. Zu diesem Zeitpunkt ging es darum, möglichst viel von dem einzufangen, was die Bildungsakteure für bedeutsam erachteten. Das Ordnen der Individualkriterien und die Zusammenfassung zu Zielkategorien, aus denen sich das spätere Leitbild zusammensetzen sollte, erfolgten in einem nachfolgenden Schritt.

Inwieweit ein Leitbild handlungswirksam wird und auch über das Evaluationsvorhaben hinaus umgesetzt wird, hängt vor allem vom Einbezug der Bildungsakteure in die Ausgestaltung des Leitbildes ab (Schönfelder 2009), denn schließlich sind die Bildungsakteure diejenigen, die die Inhalte des Leitbilds an die Besucher der Bildungsveranstaltungen vermitteln sollen. Das Leitbild kann seine Wirkung demnach nur dann entfalten, wenn die Bildungsakteure „dahinter stehen" und sich mit diesem Leitbild identifizieren können. Mit ihrer praktischen Erfahrung können sie zudem als Experten angesehen werden, deren Kenntnisse für das zu erstellende Leitbild nutzbar gemacht werden können und sollten. Eine partizipative Ausgestaltung des Prozesses der Leitbilderstellung hat daher hohe Priorität.

In einer Art Brainstorming formulierten die Beteiligten insgesamt 112 Ziele und Qualitätsansprüche sowohl an ihre eigene Bildungsarbeit, als auch an die Bildungsarbeit im Nationalpark insgesamt. Diese schrieben sie einzeln auf Karten. Diese Karten wurden anschließend durch eine moderierende Person im Plenum an Metaplanwänden vorläufig thematisch geordnet. Dabei wurde auch die Bedeutung mehrdeutig zu interpretierender Karten geklärt, sodass diese nicht falsch zugeordnet wurden.

Die so gewonnenen *Individualaspekte* wurden in einem nächsten Schritt geordnet, um die Kategorien des Leitbilds zu rekonstruieren, die im Rahmen der Evaluation als *Evaluationsaspekte* bezeichnet wurden.

Vorgehen bei der Rekonstruktion des Leitbilds

Solche übergeordneten Kategorien werden induktiv durch wiederholte Sichtung und Ordnung des Datenmaterials gewonnen. Obwohl es dabei typische Abläufe und Phasen gibt, ist das Verfahren der Kategorienbildung ein komplexer hermeneutischer Prozess, bei dem die Einzelaspekte fortlaufend interpretiert werden müssen. Dieser Prozess kann vereinfacht folgendermaßen ablaufen: Mehrere Personen erstellen zunächst unabhängig von einander je ein komplettes Kategoriensystem, indem sie versuchen, „Überschriften" zu finden, denen sich jeweils mehrere Einzelaspekte zuordnen lassen. Auf diese Weise erfolgt eine Verdichtung des Datenmaterials und eine Reduktion auf seine sinntragenden Kerne.

Die individuell erstellten Kategoriensysteme werden bei den Treffen der auswertenden Personen miteinander verglichen, wobei Gemeinsamkeiten und Unterschiede sichtbar werden und das Für und Wider der jeweiligen Kategorien sowie die Zuordnung der Einzelaspekte zu diesen Kategorien diskutiert werden. Im Verlauf dieses iterativen hermeneutischen Prozesses werden die Kategorien immer weiter verfeinert, wobei der Blick laufend zwischen dem entstehenden Kategoriensystem und den diesem zugrunde liegenden Einzelaspekten changiert.

Bis ein konsensfähiges Kategoriensystem „steht", in dem alle Einzelaspekte enthalten sind, müssen eventuell mehrere Wechsel zwischen Einzel- und Gruppenarbeit erfolgen. Aus diesem Grund kann diese gesamte Phase im Prozess der Leitbilderstellung auch nur von einem kleinen Team von ca. 3-6 Personen durchgeführt werden.

Das Verfahren ist beendet, wenn ein klares und systematisches Kategoriensystem erstellt worden ist, das die folgenden Kriterien erfüllt:

- Die Kategorien sind *disjunkt,* d. h. jeder Einzelaspekt lässt sich widerspruchsfrei *einer bestimmten* Kategorie zuordnen.
- Das Kategoriensystem weist eine *möglichst geringe Anzahl an Kategorien* auf.
- Das entstandene Kategoriensystem wird auch von den *Bildungsakteuren,* von denen die zugrunde liegenden Individualaspekte stammen, geteilt und für sinnvoll befunden. (Dies ist der Fall, wenn den Bildungsakteuren die Zuordnung der von ihnen genannten Einzelaspekte zur jeweils gebildeten Kategorie ebenfalls schlüssig erscheint.)

Das rekonstruierte Leitbild wird niedergeschrieben, wobei die einzelnen Kategorien mit kurzen Texten erläutert werden. Dann wird es den Bildungsakteuren zugeleitet, die zunächst Zeit erhalten, es in Ruhe zu lesen. Bei einem gemeinsamen Gespräch werden die Formulierungen diskutiert und gegebenenfalls überarbeitet, bevor das Leitbild schließlich verabschiedet wird und damit eine verlässliche Orientierungshilfe für die weitere Bildungs- und Qualitätsarbeit bildet.

Wenn ein Leitbild nach dem hier beschriebenen Verfahren sorgfältig erstellt wird, dann ist davon auszugehen, dass es bei den Akteuren auf Akzeptanz trifft.

Exemplarische Darstellung einer Leitbildkategorie am Beispiel des Evaluationsaspekts „Ein Nachdenken über Natur wird angeregt"

Dem Evaluationsaspekt (= der Leitbildkategorie) „Ein Nachdenken über Natur wird angeregt" wurden alle Fragen der Bildungsakteure zugeordnet, in denen die kognitive und emotionale Verarbeitung von Naturkenntnissen und Naturerlebnissen thematisiert wurde („Reflexion", „Verstehen"). Von den Veranstaltern der mehrtägigen Programme, die oft mit Schulklassen arbeiten, wurde die Frage nach geeigneten Methoden gestellt, mittels derer Reflexion angebahnt werden kann. Worauf sich diese Reflexion dort inhaltlich beziehen sollte, wurde durch einen Individualaspekt einer Gruppe deutlich: Die Teilnehmer sollen dazu gebracht werden, über einen *Eigenwert von Natur* nachzudenken.

Als *Indikator* für das Stattfinden von Naturreflexion wurde das Vorhandensein von Phasen gewählt, in denen Gruppen unter Anwendung relevanter Methoden gezielt zum Nachdenken angeregt werden. Einfache Anregungen können beispielsweise Fragen sein, die an die Gruppe gerichtet werden. Diese können mit unterschiedlich gearteten Aufforderungen und Anlässen verbunden sein, über diese Fragen nachzudenken. Fragen, die von Teilnehmern kommen, sind vom Bildungsakteur zuzulassen und möglicherweise zu vertiefen, beispielsweise, indem sie vom Bildungsakteur moderierend aufgegriffen werden und ein Austausch der Ansichten der Teilnehmer zu diesen Fragen initiiert wird. Führungen, in denen Naturreflexion in diesem Sinn stattfinden soll, enthalten klar erkennbare Phasen, in denen Fragen aufgeworfen und diskutiert werden. Merkmale eines angeleiteten Nachdenkens sind also das Aufwerfen von Fragen, das Willkommenheißen der Ansichten der Teilnehmer zu diesen Fragen, ein Austausch über diese Perspektiven und gegebenenfalls eine Differenzierung und Vertiefung der Fragen.

Eine weitere Differenzierung dieses Evaluationsaspekts ist die inhaltliche Ausrichtung dieser Phasen. In den Bereich „Reflexion über Eigenwert der Natur" fallen auch alle das Mensch-Natur-Verhältnis betreffende Fragen.

Allgemein ausgedrückt beinhaltet dieser Evaluationsaspekt also eine methodisch inszenierte Reflexion sinnhaften Naturerlebens.

Vom Leitbild zum Instrument

Damit das Leitbild praktisch genutzt werden kann, um über Führungen konstruktiv ins Gespräch zu kommen und um diese hinsichtlich bestimmter Aspekte des Leitbilds qualifiziert beurteilen zu können, ist das Leitbild in eines oder mehrere *Erhebungsinstrumente* zu überführen. Diese Instrumente bilden die Schnittstelle zwischen Leitbild und Praxis. Mit ihrer Hilfe können zielgerichtet und adressatengerecht die Daten erhoben werden, die benötigt werden, um die Praxis auf Basis der Zielkategorien des Leitbildes zu beurteilen.

Im Modellprojekt kamen mehrere Instrumente für die systematische Beobachtung und Dokumentation zum Einsatz. Eine zentrale Rolle unter ihnen spielte der Protokollbogen, der von derjenigen Person ausgefüllt wird, die eine Führung als nicht-teilnehmender Beobachter begleitet. Dieser Protokollbogen steht auch im Mittelpunkt der internen gegenseitigen Begleitung (der kollegialen Hospitation), die als Mittel der Qualitätsarbeit in hohem Maß auf andere Institutionen übertragbar ist. Daher soll in diesem Abschnitt anhand eines Beispiels aufgezeigt werden, wie die Aspekte des Leitbildes in dieses Instrument überführt wurden.

Von Kategorien zu Indikatoren

Aspekte eines Leitbilds lassen sich nicht direkt, sondern nur mittelbar beobachten. Um zu ermitteln, inwieweit diese Aspekte erfüllt werden, müssen *Indikatoren* gefunden werden, die darüber Aufschluss geben können. Indikatoren zeichnen sich dadurch aus, dass sie *überprüfbar* sind, das heißt, dass sie sich *beobachten* und (mehr oder weniger objektiv) als *erfüllt* oder *nicht erfüllt* beurteilen lassen. Ein Aspekt des Leitbilds ist als erfüllt anzusehen, wenn die entsprechenden Indikatoren erfüllt sind.

Mit Blick auf die spätere Überprüfbarkeit ist es hilfreich, bereits bei der Erstellung eines Leitbilds darüber nachzudenken, ob und auch wie sich die gebildeten Kategorien beobachten lassen.

Ein Kategorienraster als Interpretationshilfe

Um ein gemeinsames Verständnis der Zielkategorien nicht nur bei der Verabschiedung des Leitbilds, sondern auch im weiteren Verlauf der Qualitätsarbeit zu gewährleisten und um Missverständnisse und Fehlzuordnungen zu vermeiden, hat es sich als hilfreich erwiesen, ein *Kategorienraster* zu erstellen, in dem jede einzelne Kategorie (Evaluationsaspekt) beschrieben und möglichst auch durch eines oder mehrere Ankerbeispiele veranschaulicht wird. Auf diese Weise kann die so genannte *Interrater-Reliabilität* erhöht werden, um Fehler in der Datenerhebung und -auswertung, die auf subjektiven Zuschreibungen und Interpretationen beruhen, zu minimieren. Ein jederzeit verfügbares Kategorienraster stellt ein gemeinsames Grundverständnis sicher und ermöglicht einen konstruktiven intersubjektiven Austausch, welche Kategorien durch welche konkrete Aktivitäten während einer Führung oder Veranstaltung berührt werden.

Die nachfolgende Tabelle ist ein Auszug aus dem Kategorienraster, das im Modellprojekt benutzt wurde. Pro Kategorie (Evaluationsaspekt) ist eine Zeile oder ein Abschnitt anzulegen. In den weiteren Spalten jeder Zeile wird die jeweilige Kategorie dann allgemein definiert und zur Veranschaulichung mit mindestens einem konkreten *Ankerbeispiel* versehen.

Tab. 2 Auszug aus dem Kategorienraster zum Evaluationsaspekt „Ein Nachdenken über Natur wird angeregt"

Evaluationsaspekt	Definition	Indikatoren	Ankerbeispiele
Evaluationsaspekt 3: Ein Nachdenken über Natur wird angeregt.	(Vom Bildungsakteur induzierte oder zugelassene) Reflexion sinnhaften Naturerlebens. Themen: *Eigenwert von Natur*; *persönliche Bedeutung von Naturphänomenen*; NP-Leitspruch „*Natur Natur sein lassen*".	Bildungsakteur stellt entspr. Fragen zur Diskussion und / oder setzt Reflexionsmethoden ein; Tn. stellen Nachfragen; Dialoge und Diskussionen entstehen. Dialog, Streitgespräch, Gruppendiskussion, Rollenspiel, Bisoziation, Gruppenpuzzle, Kugellager, Fishbowl, Partner-Interview, DAB, Gruppenarbeit, …	„Was halten Sie davon, wenn Wölfe hier wieder heimisch werden?" „Welchen Wert hat die Natur/ein Wolf/ ein naturnaher Wald?" Die Tn. werden aufgefordert, über eine Frage nachzudenken und kommen zu Wort. Die Tn. erstellen Poster zu einer relevanten Fragestellung. …

Auf diese Weise wird mit jedem Evaluationsaspekt verfahren. Damit das Kategorienraster übersichtlich bleibt und jederzeit (z. B. während einer Begleitung) als eine Art Schnellreferenz genutzt werden kann, sollte es möglichst knapp gehalten sein und auf eine Doppelseite A4 passen.

Erstellung von Leitbild und Instrumenten – auch ohne externe Begleitung?

Die Datenanalyse und Kategorienbildung kann bisweilen verwirrend sein, so dass gerade für die sensible Phase der Leitbilderstellung die Hinzuziehung von Experten ratsam ist. Diese sollten sich – das gilt allgemein für jedwede Art von externer Evaluation (vgl. Balzer, Frey & Nenniger 1999, 397) – umfassend über die jeweilige Institution und die Praxis der Bildungsarbeit vor Ort informieren, beispielsweise, indem sie sich mit bereits bestehenden Grundsätzen der Bildungsarbeit vertraut machen, an mehreren Führungen teilnehmen und mit Bildungsakteuren ins Gespräch kommen. Idealerweise sind sie auch bei der Veranstaltung anwesend, bei der die Einzelaspekte erhoben werden.

Die Erstellung eines Leitbilds kann nach dem hier beschriebenen Verfahren aber auch ohne externe Begleitung zu einem guten Ergebnis führen, wenn hierfür intern ausreichende zeitliche und personelle Ressourcen bereitgestellt werden. Nach dem Motto „Auf den Anfang kommt es an" sollte daran keinesfalls gespart werden.

Der formative Charakter des Modellprojekts – Prozessbegleitende Rückmeldung von Zwischenergebnissen und Verfeinerung der Instrumente

Der formative Ansatz bezog sich im Modellprojekt nicht nur auf den Einfluss, den die Ergebnisse der Qualitätsarbeit auf die Formation der Bildungsarbeit hatten, sondern auch auf die kontinuierliche Reflexion der Qualitätsarbeit selbst. Dazu war es notwendig, dass sich alle Beteiligten in regelmäßigen Abständen darüber austauschten, was die erhobenen Daten und die daraus gewonnenen Einsichten für die Praxis der Führungen bedeuteten. Zusätzlich wurden die Treffen dazu genutzt, die Praxis der Evaluationsarbeit zu reflektieren und bei Bedarf zu optimieren. Zum Ende des Projekts dienten diese Termine vermehrt auch dazu, die Weichen für den Übergang in die interne Fortführung der Qualitätsarbeit mittels kollegialer Hospitation zu stellen. Insgesamt erfolgten im Modellprojekt drei solcher Teffen, die in Form von mehrstündigen Workshops durchgeführt wurden.

Nach einer mehrwöchigen Phase der Begleitungen und des Einsatzes der Instrumente wurden den Verantwortlichen der Bildungsarbeit und einer Auswahl von Bildungsakteuren Anfang 2013 erste Ergebnistendenzen der Erhebungen vorgestellt und diese gemeinsam mit ihnen diskutiert.

Dabei stand der Evaluationsaspekt „Ein Nachdenken über Natur wird angeregt" im Zentrum der Diskussionen, was zu einer erneuten und vertieften Beschäftigung aller Beteiligten mit diesem Aspekt des Leitbilds sowie mit den dazugehörigen Indikatoren und Instrumenten führte. Dabei wurde unter anderem deutlich, dass bei den Bildungsakteuren ein Entwicklungspotenzial im Hinblick auf Methoden bestand, mit denen Führungsteilnehmer gezielt und produktiv zum Nachdenken über bestimmte Fragen angeregt werden können. Um diese Lücke zu schließen, wurde vereinbart, ein entsprechendes Fortbildungsangebot zu schaffen.

Nach einer weiteren mehrwöchigen Phase von Begleitungen und Datenerhebungen wurde die Diskussion von Ergebnissen im August 2013 fortgesetzt. Die Anwesenden wurden in Kleingruppen eingeteilt und erhielten unterschiedliche Arbeitsmaterialien, die das externe Evaluationsteam mitgebracht hatte. Dabei handelte es sich um Auszüge aus den Protokollbögen, den Feedbackgesprächen und den Fragebögen zu ausgewählten Evaluationsaspekten, unter anderem erneut zum Themenbereich „Naturreflexion", der neben den Themenbereichen „Bildung für eine nachhaltige Entwicklung" und „Naturerfahrung" im Projekt am intensivsten diskutiert wurde.

Die Bildungsakteure interpretierten diese Daten und präsentierten anschließend die Einsichten und Fragen, die sie daraus gewonnen hatten. Die Diskussion drehte sich um zwei Grundfragen der Bildungsarbeit: Zum einen ging es um das Verhältnis von produktivem Eigensinn einerseits und einem vorgegebenen Roten Faden andererseits in der Veranstaltung, zum anderen um das stimmige Verhältnis von freier, nicht angeleiteter Naturerfahrung und angeleiteter Naturreflexion in den Führungen.

Im zweiten Teil des Workshops im August sowie bei einem weiteren Treffen im November 2013 wurden die Bedingungen diskutiert, unter denen eine interne gegenseitige Begleitung der Bildungsakteure im Rahmen einer internen Qualitätsarbeit möglich wäre. Der folgende Abschnitt widmet sich den Aspekten, die hinsichtlich des Übergangs in die interne gegenseitige Begleitung im Zentrum der Diskussionen standen.

Gelenkstellen und mögliche Stolpersteine beim Übergang von der externen Evaluation in die interne gegenseitige Begleitung

Für den zweiten Teil des Treffens im August 2013 hatte das externe Evaluationsteam der Universitäten Hamburg und Regensburg anonymisierte Zitate aus den Feedbackgesprächen mit den Bildungsakteuren mitgebracht, in denen einerseits der Nutzen des Voneinander-Lernens betont, andererseits aber auch sehr deutlich die Gefahren möglicher sozialer Verwerfungen thematisiert wurden, die aus einer gegenseitigen Begleitung entstehen könnten, wenn beispielsweise mit den Beobachtungen nicht verantwortlich umgegangen oder Kritik als Angriff auf die Person verstanden würde. Die tendenziell kritische Haltung, die aus den ausgewählten Zitaten sprach, wurde in der anschließenden Diskussion der Bildungsakteure jedoch nicht bestätigt. Vielmehr war der allgemeine Tenor, dass eine interne Begleitung dauerhaft eingeführt werden solle. Die genaue Ausgestaltung müsse aber sorgfältig geplant werden und mit dem notwendigen Fingerspitzengefühl erfolgen.

Ein weiterer Workshop mit dem alleinigen Schwerpunkt der internen Qualitätsarbeit mittels gegenseitiger Begleitung von Bildungsakteuren fand zum Ende der Begleitungen im November 2013 statt. Angeleitet durch die externe Begleitung diskutierten die Bildungsakteure anhand des Modells der „Kollegialen Hospitation"

(Schaedler & Skorsetz 2008) über die Chancen und Risiken einer internen Begleitung. Eine der zentralen Fragen war hierbei, welche Personen (beziehungsweise
welche Personengruppen) die Begleitung übernehmen sollten.

In den folgenden Abschnitten kommen verschiedene Erfahrungen aus der
Umsetzung der Begleitung zur Sprache. Es werden dabei sowohl positive Aspekte
als auch Befürchtungen genauer dargestellt und anhand ausgewählter Zitate verdeutlicht, und es wird gezeigt, wie Befürchtungen ausgeräumt werden konnten.

Qualifizierte Wertschätzung für die eigene Arbeit erfahren

Die Bildungsakteure empfanden es stets als eine Wertschätzung ihrer Arbeit, wenn
jemand ihre Führung begleitete und sich dabei bemühte, möglichst viele Facetten
ihrer Arbeit wahrzunehmen. Dies kam sowohl auf den Workshops, als auch im
Rahmen der Feedbackgespräche sehr klar zum Ausdruck. Offenbar besteht ein
Bedürfnis nach Wertschätzung nicht nur durch Gäste, sondern auch durch Kollegen und Verwaltungsmitarbeiter, das im Führungsalltag – vor allem aufgrund
beschränkter personeller Ressourcen – nicht adäquat befriedigt wird. Im Rahmen
des Modellprojekts wurden die Begleitungen oft schon allein deshalb begrüßt, weil
die geleistete Arbeit dabei umfassend wahrgenommen wurde. Dieses Bedürfnis nach
„anerkennender Aufmerksamkeit" (siehe Kapitel 6) durch einen „kritischen Freund"
verdeutlicht eine kleine Auswahl von Zitaten der beteiligten Bildungsakteure, die
in Interviews und auf den Workshops gewonnen wurden. Die Zitate stammen aus
Interviews, die im Anschluss an die Begleitungen stattfanden, und aus Aussagen,
die Bildungsakteure während der gemeinsamen Treffen machten.

> *„N.N. hat immer gesagt, dass er mal kommt und mitgeht. Aber das ist nie
> passiert, geht auch eigentlich nicht, er hat ja nie wirklich Zeit."* (Interview)
>
> *„Im normalen Führungsalltag kriegst du von oben kein Lob. Du kriegst null
> Feedback."* (Interview)
>
> *„Mir hat es gut getan, dass mal jemand mitging."* (Wortbeitrag beim Treffen
> im Mai 2013)
>
> *„Manches davon geht echt runter wie Öl."* (Interview)

Vom anderen lernen und inspiriert werden

Viele Bildungsakteure freuen sich darüber, wenn ihnen „ein Spiegel vorgehalten" wird, weil sie sich davon Impulse erhoffen, um eingefahrene Routinen zu überwinden und ihre Kompetenzen weiterzuentwickeln:

> *„Ja, weil ich denke, wir müssen jeden Tag etwas Neues lernen. Und wenn du zum Beispiel dabei bist mit jemandem, kannst du etwas Neues lernen. Und es ist total schön, wenn du einfach ein Feedback bekommst und du weißt, ah, ich habe das gut gemacht oder ich habe das nicht so gut gemacht und was kann ich verändern."* (Interview)

> *„Es ist mir wichtig, dass man mal bei jemand anderem mitgeht. Wenn ich etwas ein Jahr lang mache, dann schleicht sich ein Trott ein. Je mehr Führungen jemand macht, umso mehr (...). Da ist es dann wichtig, dass man neue Impulse bekommt."* (Interview)

> *„Ich befürworte so etwas, da mir Kritik immer viel bringt. (...) Ich habe das Feedback als Anregung verstanden."* (Wortbeitrag beim Treffen im August 2013)

> *„Alte und junge Waldführer zusammenbringen! Beide können von dem anderen profitieren. Der alte Waldführer hat Erfahrung. Der neue hat Flexibilität und eine neue Sichtweise."* (Wortbeitrag beim Treffen im August 2013)

„Von anderen begleitet zu werden" und „andere zu begleiten" ist nicht dasselbe.

Die gesammelten Aussagen der Bildungsakteure zeigen, dass das Begleitet*werden* kaum mit Ängsten behaftet zu sein scheint und auch die Begleitung selbst – entgegen aller Befürchtungen – kaum zu Stress oder unangenehmen Gefühlen geführt hat. Was sich eher als problematisch erwies, war die Vorstellung, selber die Rolle des *Begleiters* zu übernehmen und Kollegen eine Rückmeldung über ihre Arbeit zu geben. Begründet wurde dies einerseits damit, dass es im Nationalpark *„menschelt"* (Interview) und andererseits, dass manche Kollegen es einem übel nehmen könnten, wenn man ihnen sagte, was sie *„falsch"* machten (Interview). Zudem gab es Befürchtungen, dass interne Begleiter ihre Beobachtungen ausplaudern könnten, sich diese in der Gerüchteküche ausbreiten und dies zu Misstimmungen führen könnte.

Folgende gesammelte Aussagen aus Feedbackgesprächen, die den Bildungsakteuren und Mitarbeitern der Nationalparkverwaltung beim Treffen im August

2013 zur gemeinsamen Diskussion präsentiert wurden, verdeutlichen diese doch recht weit verbreitete Ansicht:

> *„Dieses Mitgehen habe ich selber einmal angeregt, ich würde das schon gut finden. Aber eines ist ganz klar: Rückmeldung ist für die meisten Waldführer äußerst schwer. (...) Aber unter uns Waldführern das einem anderen zu sagen, das würde ich nicht machen. Ich würde da nicht einem Waldführer sagen: Du machst das falsch. Es sind wenige, die das nicht stört. 95 % unserer Waldführer, wenn es nur zu diesem Gespräch kommt, fassen das schon als Kritik auf und denken: Ich kriege da jetzt meinen Fehler hingerieben. Das ist so. Dass Waldführer hinterher untereinander so ein Gespräch führen über die Führung? Das funktioniert nicht.“ (Interview)*

> *„Das geht nur, wenn die Waldführer wertfrei in eine solche Begleitung hineingehen. Da sehe ich ein Problem. Mitunter wertet man andere ab: Der macht's besser, der macht's schlechter. Ich mache mir Sorgen, wie mit diesen Beobachtungen hinter meinem Rücken umgegangen wird. Hier in unserem kleinen Waldführer-Kreis.“ (Interview)*

Wenn auch einzelne Bildungsakteure im Gespräch hervorhoben, für wie wertvoll sie Kritik im Sinne einer Weiterentwicklung hielten und wie wichtig es sei, „von einander zu lernen“, so wurde doch auch die „Nähe der Waldführer zueinander“ recht deutlich als gefährliche Hürde empfunden, bis hin zu Befürchtungen, Kollegen könnten einen für „Fehler“ während der Führungen anschwärzen oder hinter dem Rücken des Begleiteten darüber reden. In den Feedbackgesprächen unter vier Augen wurden solche Vorbehalte deutlicher vertreten als in großer Runde auf den gemeinsamen Treffen.

Merkmale einer guten Begleitung

Als wichtige Merkmale der begleitenden Person wurden professionelle Verschwiegenheit, die Fähigkeit, ein konstruktives (und kein vernichtendes) Feedback zu geben und der respektvolle Umgang mit der begleiteten Person genannt. Genauso relevant sei aber auch, dass die Begleiteten selbst mit Kritik angemessen umzugehen verstünden:

„Wichtig ist ein produktives Verständnis von Kritik: Jeder hat seinen Stil. Niemand macht etwas falsch, sondern anders." (Wortbeitrag beim Treffen im August 2013)

„Keine destruktive Kritik, sondern konstruktive Vorschläge." (Wortbeitrag beim Treffen im August 2013)

„Wie man Kritik annimmt, ist ein ganz wichtiger Punkt. Vergangene Anläufe sind gescheitert, weil das als negative Kritik angesehen wurde." (Wortbeitrag beim Treffen im August 2013)

Diese Kompetenzen könnten zwar durch entsprechende Fortbildungen vermittelt werden; die Befürchtung, dass dann aber doch „hinter dem Rücken geredet" würde und so ernsthafte Verstimmungen die Folge sein könnten, bestand aber weiterhin, zumindest bei einigen Teilnehmern. In diesem Sinne sind die Stimmen zu verstehen, die sich prinzipiell gegen eine interne Begleitung aussprachen und stattdessen den Einbezug externer Begleiter (wie im Projekt geschehen) oder eine Begleitung durch hauptamtliche Mitarbeiter der Nationalparkverwaltung forderten. Von diesen erhofften sich diese Bildungsakteure ein höheres Maß an professioneller Verschwiegenheit.

„[Die externen Begleiter] stehen mit den Waldführern nicht in Konkurrenz. Bei interner gegenseitiger Begleitung sieht es anders aus. Es braucht mehr als nur eine Schulung." (Wortbeitrag beim Treffen im August 2013)

„Jemand von der Verwaltung soll das machen. Von den Waldführern meint jeder von sich, er macht es am besten." (Wortbeitrag beim Treffen im August 2013)

Lediglich die Frage, wer begleiten soll, blieb also zunächst ungeklärt. Die Ansicht, dass eine fortlaufende Begleitung wünschenswert und eine Nichtfortführung „keine Option" sei, schien ausnahmslos von allen Beteiligten vertreten zu werden.

Bildungsakteure sollen sich aussuchen können, von wem sie begleitet werden.

Schließlich wurde entschieden, *dass die Begleiteten sich ihre Begleiter aussuchen dürfen sollen. Jeder, der begleitet wird, ist dabei auch ein potenzieller Begleiter.* Dabei kann der jeweilige Bildungsakteur sich selbst einen Kollegen auswählen, zu dem er volles Vertrauen hat:

„Wenn das jemand macht, dann müsste das jemand sein, der …. (…) Wenn man sich jemand aussuchen könnte, das wär toll." (Interview)

„Die Begleitung muss auf freiwilliger Basis erfolgen." (Wortbeitrag beim Treffen im August 2013)

„Warum lässt man die Waldführer sich nicht jemanden aussuchen? Dann wäre das Vertrauen da." (Wortbeitrag beim Treffen im August 2013)

Wird dies nicht berücksichtigt, besteht angesichts der Vorbehalte bezüglich sozialer Verwerfungen die Gefahr, dass das Verfahren der gegenseitigen Begleitung von Einzelnen als Zwangsmaßnahme wahrgenommen wird. Das belegen auch Erfahrungen mit einem früheren Versuch, eine interne Begleitung zur Qualitätssicherung – ohne praktische Vorerfahrungen und ohne theoretische Grundlegung – einzuführen.

Die Rolle der Verwaltung bei der internen gegenseitigen Begleitung

Wir empfehlen eine klare Trennung – gedanklich und organisatorisch – zwischen der internen gegenseitigen Begleitung im Sinne kollegialer Unterstützung einerseits und Begleitungen durch Mitarbeiter der Verwaltung im Sinne einer Überprüfung der Basisqualitäten der Bildungsakteure andererseits. Wenn sich beispielsweise die Situation ergibt, dass einzelne Bildungsakteure in die Kritik geraten (z. B. weil Gäste mit deren Führungen unzufrieden waren und überprüft werden soll, ob die betreffenden Bildungsakteure weiterhin Führungen anbieten sollen), dann ist dringend davon abzuraten, dies mittels der internen gegenseitigen Begleitung „lösen" zu wollen. Damit würde einem Klima des Misstrauens Vorschub geleistet werden. Interne gegenseitige Begleitung ist eine Frage des Vertrauens, die ihre konstruktive Wirkung nur zeigt, wenn das, was im Vertrauen unter vier Augen besprochen wird, nicht an Dritte weitergetragen wird.

Übertragbarkeit der Ergebnisse des Modellprojekts auf ähnliche Vorhaben in anderen Großschutzgebieten

Ein Ziel des Projekts – und auch ein Grund dafür, dass die Deutsche Bundesstiftung Umwelt (DBU) sich dazu bereit erklärte, es zu fördern – war es, Erkenntnisse zu gewinnen, die sich auf weitere Großschutzgebiete übertragen lassen. In der Auswertung des wissenschaftlich begleiteten Projekts wurden zahlreiche Aspekte herausgearbeitet, die auch andere Großschutzgebiete sich zunutze machen können, um eine interne Qualitätsarbeit in Gestalt einer formativen Evaluation bei sich zu etablieren.

Die Tatsache, dass ein solches Projekt im Nationalpark Bayerischer Wald mit zahlreichen beteiligten Vereinen, mehreren Besucherzentren, der Erlebnisakademie (Betreiber des Baumwipfelpfads), den Waldführern und der Nationalparkwacht mit über einhundert beteiligten Personen erfolgreich umgesetzt werden konnte, spricht dafür, dass Ähnliches auch in anderen Großschutzgebieten gelingen kann.

Auf der Abschlusstagung, die im April 2014 im Besucherzentrum „Haus zur Wildnis" in Ludwigsthal stattfand, wurden ausgewählte Ergebnisse des Projekts, vor allem aber der Evaluationsansatz und die Evaluationsmethoden vorgestellt und mit Bildungsakteuren anderer Großschutzgebiete diskutiert. Auf dieser Tagung wurde ein sehr deutliches Interesse an vergleichbaren Evaluationsvorhaben (extern wie intern) geäußert. Die Ergebnisse der Evaluation wurden ausführlich im Hinblick auf realistische Bildungsziele in Nationalparks diskutiert.

Die Einsichten aus den Diskussionen, die mehrere Arbeitsgruppen bezüglich des Modellcharakters geführt haben, wurden in einen Katalog von Aspekten der Übertragbarkeit aufgenommen, der für die Planung und Durchführung ähnlicher Projekte handlungsleitend sein kann. Dieser Katalog wird im Folgenden dargestellt.

Voraussetzungen für das Funktionieren des formativen, partizipativen Ansatzes

Die Grundidee, dass die Bildungsakteure, also diejenigen, die die tägliche Bildungsarbeit leisten, bereits Experten sind und am besten bestimmen können, worauf es bei dieser Arbeit ankommt, hat sich in der Durchführung bewährt. Nach unseren Erfahrungen war es dieser partizipative und wertschätzende Ansatz, der dafür gesorgt hat, dass das Projekt von den Bildungsakteuren nicht als eine „theoretische Schablone" wahrgenommen wurde, die der Bildungsarbeit von außen übergestülpt wurde, sondern auch als „ihr" Projekt, an dessen Ausgestaltung sie sich aktiv und wirksam beteiligen konnten.

Wer sich auf einem Workshop zu Wort meldete und ein Argument einbrachte, konnte feststellen, dass dieses Argument ernst genommen wurde und Einfluss auf das weitere Vorgehen nahm. So wurden beispielsweise die Evaluationsziele vor dem Hintergrund der zahlreichen Fragen und Zielformulierungen der Bildungsakteure entwickelt, die diese im Rahmen eines mehrstündigen Workshops (Festlegung der Evaluationsfragestellungen) zu Papier gebracht und vorgetragen hatten. Das

Wort eines Waldführers zählte dabei genauso viel wie das eines Festangestellten der Nationalparkverwaltung.

Darin zeigt sich das große Vertrauen in das Engagement und die Kompetenz der Waldführer und Ranger seitens der Nationalparkverwaltung. Es war aber wohl genau diese Entscheidung und diese Demonstration des Vertrauens und der Wertschätzung, die dazu führte, dass die Bildungsakteure mit ins Boot geholt werden konnten und dem Projekt positiv gegenüberstanden. Andere Großschutzgebiete, die eine formative Evaluation planen oder die kollegiale Hospitation als Qualitätsinstrument etablieren möchten, müssten den damit verbundenen Mut und dieses Vertrauen ebenfalls aufbringen.

Das partizipativ erarbeitete Leitbild im Zentrum

Ein weiterer Aspekt des Projekts, der für andere Großschutzgebiete interessant sein könnte, ist die hohe Konsensfähigkeit des auf die beschriebene Weise zustande gekommenen Leitbilds. Das bedeutet, dass – obwohl bei der Umsetzung der einzelnen Programme zahlreiche Bildungseinrichtungen mit unterschiedlichen Zielsetzungen (und angepeilten Zielgruppen) beteiligt waren – das Leitbild von allen Akteuren akzeptiert und seine inhaltliche Ausrichtung prinzipiell geteilt wurde und wird. Dies wurde auf den letzten Workshops mehrfach deutlich von Bildungsakteuren kommuniziert und auch in informellen Nebengesprächen immer wieder bestätigt. Auf der Abschlusstagung wurde die Bedeutsamkeit eines derartigen Leitbildes von vielen Vertretern anderer Nationalparks hervorgehoben.

Zwei Besonderheiten zeichnen dieses Leitbild aus: Zum einen ist es eindeutiger formuliert als die bisherigen Leitsätze, sodass sich leichter Indikatoren für die einzelnen Ziel-Aspekte erkennen lassen. So sind statt weicher Zielformulierungen wie „Freunde für den Nationalpark gewinnen" überprüfbare Aussagen wie „Funktionen von Nationalparks für Biodiversität werden erläutert" entstanden. Es ist nun also klar, was erzielt werden soll (und auch auch erfragt bzw. gemessen werden kann). Zum anderen sind diese Ziele dennoch so allgemein formuliert, dass eine gewisse Flexibilität gewährleistet ist. Diese Flexibilität gibt den Bildungsakteuren Freiraum für die individuelle Ausgestaltung ihrer Führungen. Denn gerade die *Authentizität und Begeisterung der Bildungsakteure* mit ihren speziellen Interessen und Kompetenzen haben sich im Modellprojekt als eine große Stärke der Bildungsarbeit erwiesen, mit der bei den Gästen Interesse und Begeisterung ausgelöst werden konnte. Wir haben dies den „produktiven Eigensinn" der einzelnen Führung beziehungsweise des einzelnen Bildungsakteurs genannt.

Genau diese Doppelfunktion – einheitliche Linie einerseits und individueller Spielraum andererseits – hat sich im Projekt für alle Beteiligten als konsensfähig und als in der Umsetzung praktikabel erwiesen. Ein gemeinsamer Roter Faden ist vorhanden und dennoch können die Bildungsakteure individuell auf ihre spezifischen Zielgruppen eingehen. Ein Beispiel: Die Funktion von Nationalparks für Biodiversität wird in Kinderführungen in der Regel auf andere Weise und anhand anderer Gegenstände vermittelt, als dies beispielsweise im Rahmen von Sonderführungen für besonders interessierte und nationalparkaffine Erwachsene der Fall ist.

Anregung zur Selbstreflexion mit Hilfe des Protokollbogens

Von Anfang an zielte das Projekt darauf ab, eine regelmäßige und kriteriengeleitete *(Selbst-) Reflexion* der Bildungsakteure anzuregen. Dieser Ansatz hat sich nach Ansicht der Beteiligten sehr gut bewährt. Vor allem die am Instrument *Protokollbogen* (und den darin enthaltenen Aspekten des Leitbilds) orientierten *Feedbackgespräche* trugen dazu bei, dass alle teilnehmenden Bildungsakteure systematisch zum Nachdenken über die gleichen speziellen und allgemeinen Fragen bezüglich der Praxis ihrer Bildungsarbeit angeregt wurden, die in zwischengeschalteten *gemeinsamen Treffen* (Workshops) in großer Gruppe wieder aufgegriffen und weiter diskutiert wurden. Diese Anregung zur Reflexion kann als ein Qualitätsmerkmal von Bildungsarbeit überhaupt verstanden werden, das auch auf andere Institutionen übertragbar ist. Auch dieser Gedanke sowie dessen Umsetzung wurde von anderen Nationalparks als vorbildhaft herausgestellt.

Bezüglich der dabei thematisierten Fragen zum Kern von *Bildung für eine nachhaltige Entwicklung,* zum Wert von *Naturerfahrungen,* zum Verhältnis von Naturerfahrung und *Naturreflexion* und zu konkreten *didaktisch-methodischen Aspekten* der Gestaltung von Führungen (z. B. zum Umgang mit Fragen der Teilnehmer, mit Kritik, zur zielgruppengerechten Aufbereitung von Inhalten) ist ebenfalls davon auszugehen, dass sie auch für andere Großschutzgebiete relevant sind.

Im internen Einsatz bereitete der Protokollbogen, der beim Einsatz mit externer Begleitung sehr gut „funktioniert" hatte, jedoch Schwierigkeiten: Die begleitenden Bildungsakteure tendierten dazu, diesen Bogen komplett „abzuarbeiten", wodurch die beabsichtigte Reflexionshilfe teilweise doch den Charakter eines Kontrollinstruments bekam. Dies machte eine erneute Betrachtung und Überarbeitung des Instruments nötig. Dabei zeigte sich, dass gewisse Vorgaben für die Begleiter darüber sinnvoll sind, wie dieses Instrument benutzt und wie das Feedbackgespräch geführt werden soll. Das für die interne gegenseitige Begleitung als produktiv erachtete Vorgehen wird in Kapitel 7 ausführlich beschrieben.

Skepsis mittels Vertrauenskultur überwinden

Der Begriff „Evaluation" rief bei einigen der Beteiligten zunächst Assoziationen des Kontrolliertwerdens hervor, weswegen das Projekt anfangs teilweise kritisch beurteilt wurde. Wenn die begleitenden wissenschaftlichen Mitarbeiter bei den ersten Führungen den teilnehmenden Gästen als „Großinquisitoren" angekündigt wurden, dann war das zwar scherzhaft gemeint, barg aber wahrscheinlich doch einen durchaus ernstgemeinten Kern und zeigt die mit „Evaluation" verbundenen Befürchtungen. Die Vertreter anderer Nationalparks haben dieses Problem sehr wohl gesehen und auch die damit verbundene Notwendigkeit, bei ähnlichen Vorhaben einem Bewertungsdruck vorzubeugen.

Vor diesem Hintergrund kommt einer *transparenten Information* über das Wesen der formativen Evaluation und der kollegialen Begleitung eine zentrale Bedeutung zu. Auf jedem der vor Beginn der Begleitungen durchgeführten Workshops wurden die wissenschaftlichen Begleiter nicht müde, das Wesen des Projekts, den theoretischen Ansatz und die Grundlagen der *Vertraulichkeit* der Beobachtungen zu erläutern. Diese fortwährende Wiederholung war wichtig, da es eine ganze Zeit dauerte, bis der formative Ansatz verstanden wurde. Die wissenschaftlichen Mitarbeiter besuchten die Treffen der Bildungsakteure („Waldführerstammtisch"), stellten sich dort vor, brachten die Instrumente mit und verdeutlichten, auf welche Weise eine Anonymisierung der Daten erfolgte, damit gesichert war, dass aus den Ergebnissen keine „Personalentscheidungen" abgeleitet werden konnten.

Es ist von größter Wichtigkeit, dass die begleitenden Personen – das gilt für externe wie interne Begleiter in gleichem Maß – nicht nur darin geschult sind, wie man anderen ein *konstruktives Feedback* gibt, sondern es muss absolutes Vertrauen in deren *Integrität* herrschen. Dieses Vertrauen wurde im persönlichen Kontakt sehr schnell aufgebaut. Als vertrauensbildende Maßnahme sollten sich externe Begleiter persönlich vorstellen, regelmäßig mit allen beteiligten Personen in Kontakt treten und bei jedem Hinweis auf Misstrauen das klärende Gespräch suchen.

Das Vertrauen muss natürlich auch verdient sein. Über die Erlebnisse mit einzelnen Bildungsakteuren während der Begleitungen herrscht *Schweigepflicht*, welche unbedingt einzuhalten ist. Abgesehen davon, dass dies moralisch geboten ist, wäre ein Gespräch der Begleiter mit Angestellten der Verwaltung über einzelne Bildungsakteure ein Vertrauensbruch, der kaum zu heilen wäre und damit das ganze Projekt gefährden würde. Diese „Hygiene" einzuhalten, ist vor allem dann eine Herausforderung, wenn zwischen den Beteiligten gutes Einvernehmen und ein herzlicher sozialer Umgang herrscht, bei dem man es eigentlich gewohnt ist, offen miteinander zu reden.

Die „summative" Wahrnehmung durch Dritte

Bei der Präsentation von Zwischenergebnissen ergab sich das Problem, dass Säulendiagramme und andere Darstellungsformen zwar eine anschauliche Ergänzung zu den deskriptiven und argumentativen, gleichsam „formativen" Texten waren, in denen die Ergebnisse erläutert wurden, dass sie aber zum Teil als summative Ergebnisse missverstanden wurden. Doch wenn beispielsweise ein Evaluationsaspekt in den Führungen nicht „als Schwerpunkt erkennbar" ist, dann heißt das nicht zwangsläufig, dass das schlecht sein muss. Es kann zum Beispiel sein, dass ein vermeintliches Ziel sich im Nachhinein gar nicht als reales oder auch realistisches Ziel herausstellt oder dass der Bildungsakteur es bewusst vermeidet, manche Aspekte mit bestimmten Zielgruppen zu thematisieren. Solche Differenzen sind also nicht „schlecht", sondern sie zeigen vielmehr auf, wo es sich genauer hinzuschauen lohnt und leisten damit einen Beitrag zur Qualitätsentwicklung.

Letzteres war beispielsweise beim Evaluationsaspekt „Ziele des Nationalparks werden vermittelt" der Fall, bei dem ein Unteraspekt beinhaltete, dass die Gäste über die Unterscheidung von National- und Naturparks anhand von IUCN-Kriterien informiert werden sollten. Dieses Teilziel war auf dem Workshop genannt worden, auf dem die Evaluationsfragestellungen festgelegt wurden, und es wurde dabei nicht in Zweifel gezogen. Im Nachhinein stellte sich allerdings heraus, dass dieser Aspekt von keinem Bildungsakteur – jedenfalls nicht in dieser differenzierten Form – unterstützt und gutgeheißen wurde. Ein „niedriger Balken" bei diesem Evaluationsaspekt war also zum einen ein Zeichen dafür, dass es die Ziele der Bildungsakteure nicht adäquat abbildete; zum anderen zeigte der niedrige Wert, dass die Umsetzung dieses vermeintlichen Ziels auch tatsächlich nicht stattfand – was tatsächlich und aus Sicht der Bildungsakteure ein gutes Zeichen war. Der niedrige Wert forderte also dazu auf, genauer hinzuschauen und förderte eine Erkenntnis zutage, die letztlich zu einer genaueren Formulierung der Ziele und Instrumente führte.

Problematisch war, dass dies nicht von allen Beteiligten erkannt wurde und der „zu niedrige" Wert als ein Versagen der Bildungsangebote *fehlinterpretiert* wurde. Es ist also darauf zu achten, *welche Ergebnisse auf welche Weise nach außen kommuniziert* werden. Denn in der Wahrnehmung durch Dritte – wenn niemand zugegen ist, der es richtigstellen kann – bleibt ein niedriger Balken eben ein „schlechter Wert", obwohl das genaue Gegenteil der Fall sein kann. Dieser *„Scheinobjektivität"* quantifizierender Ergebnisse sollten sich diejenigen bewusst sein, die ein ähnliches Vorhaben in Angriff nehmen möchten, wenn die erhobenen Daten nicht nur für die Reflexion der Bildungsakteure genutzt, sondern auch in Berichten festgehalten werden sollen, wie es im Modellprojekt der Fall war.

Kompetenzen werden sichtbar.

Die Datenerhebung und die Präsentation der Ergebnisse führen dazu, dass die pädagogischen Schätze, die bereits vorhanden sind, sichtbar gemacht werden. Die Bildungsakteure haben individuelle Fähigkeiten und Fertigkeiten, von denen sie auf ihren Führungen täglich Gebrauch machen, die aber für die Kollegen und die Angestellten der Verwaltung nur vereinzelt sichtbar werden. Das Modellprojekt hob diese Kompetenzen hervor und trug so dazu bei, dass den Waldführern und Rangern öffentlich *Wertschätzung* zuteil wurde. Diese Wertschätzung kommt im „Tagesgeschäft" oft zu kurz. Wie viele Bildungsakteure berichteten, war es für sie eine heilsame und angenehme Erfahrung, dass ihre Arbeit in vielen Facetten ans Licht gebracht und wertgeschätzt wurde.

Die interne gegenseitige Begleitung von Bildungsakteuren trägt zusätzlich dazu bei, dass diese *voneinander lernen*, sich Handlungsmöglichkeiten und Wissenspartikel bei den Kollegen abschauen, während sie jene in Situationen beobachten, mit denen auch sie selbst in ihrem Führungsalltag konfrontiert sind.

Externe Begleitung als Starthilfe

Formative Evaluation braucht Zeit, mit Schnellschüssen ist nichts gewonnen. Im vorliegenden Projekt dauerte der Evaluationszyklus zwei Jahre. Einrichtungen, die ähnliche Instrumente der Qualitätsarbeit etablieren möchten, sollten sich über diesen langsamen Takt im Klaren sein. Die Beteiligten haben konkrete Schritte unternommen, um den im Projektantrag bereits vorgesehenen Übergang in eine interne Evaluation umzusetzen. Dass dieser Übergang von den beteiligten Waldführern mitgetragen wird, zeigt, dass die zweijährige „Pilotphase" mit externer wissenschaftlicher Begleitung Früchte getragen hat. Die Befürchtungen einiger Bildungsakteure, dass eine solche Selbstevaluation zu sozialen Zerwürfnissen führen könnte, standen dem Wunsch nach einer internen Fortführung nämlich zu Beginn des Projekts noch entgegen. Die externe Begleitung diente hier vielleicht als „best practice"-Beispiel dafür, dass und wie auch eine interne gegenseitige Begleitung funktionieren kann.

Die Doppelfunktion des Modellprojekts

Auf einen entscheidenden Punkt soll hier noch einmal hingewiesen werden: Das Modellprojekt im Nationalpark Bayerischer Wald hatte eine Doppelfunktion.

1. Zum einen handelte es sich um ein Projekt formativer Evaluation: Es wurde ein Leitbild erarbeitet, für dessen Aspekte anschließend Indikatoren und entsprechende Instrumente erstellt wurden. Diese Instrumente wurden durch externe Begleiter eingesetzt, ausgewertet und die ausgewerteten Daten wurden in umfangreichen Berichten und Präsentationen dargestellt. Während so *der Ist-Zustand der Bildungsarbeit bezüglich des erarbeiteten Leitbilds* dargestellt und Stärken (sowie Schwächen) sichtbar wurden, fand im Rahmen regelmäßiger Workshops eine Reflexion sowohl der Ergebnisse als auch der eingesetzten Instrumente statt, was mehrere Anpassungen und Verfeinerungen nach sich zog. Nicht unerheblicher Aufwand wurde zudem darauf verwendet, Dritten, aber auch den unmittelbar beteiligten Bildungsakteuren, dabei zu helfen, die Ergebnisse angemessen (produktiv im formativen Sinne) zu interpretieren. Denn die „Ergebnisse" formativer Evaluation, die sich in Tabellen und Diagrammen niederschlagen, sind nicht endgültige Ergebnisse, sondern sie fungieren in erster Linie als Erkenntnishilfen. Formative Evaluation zeichnet sich eben gerade dadurch aus, dass im Prozess nachgesteuert werden kann und muss. Ziele, Methoden, Instrumente und Akteure müssen quasi erst zueinander finden. Der für diese umfangreichen Aktivitäten nötige zeitliche und personelle (= finanzielle) Aufwand und die Vermittlung zwischen den Akteuren können kaum in Form einer rein intern durchgeführten Qualitätsarbeit betrieben werden, ebensowenig kann davon ausgegangen werden, dass das dafür nötige wissenschaftliche Knowhow vorhanden ist. Wenn also – wie im Modellprojekt – neben der Erstellung eines Leitbildes und der Begleitung von Bildungsakteuren auch große Mengen empirischer Daten erhoben und diese angemessen interpretiert und dargestellt oder gar publiziert werden sollen, dann ist das ohne externe wissenschaftliche Begleitung nicht realistisch.

2. Zum anderen fand im Projekt modellhaft eine Begleitung der Bildungsakteure durch externe Begleiter statt, mit dem Ziel, dies in eine *interne gegenseitige Begleitung* nach dem Prinzip der *kollegialen Hospitation* übergehen zu lassen. Dabei bildet die Institutionalisierung selbstreflexiver Momente die Möglichkeit einer dauerhaften Qualitätsarbeit auf der Ebene der Bildungsakteure. Ebenso wie die Erstellung eines tragfähigen Leitbildes ist dies durchaus auch mit internen Mitteln zu leisten. Dieses Buch liefert dafür Hinweise aus den im Modellprojekt gemachten Erfahrungen, von denen diejenigen Institutionen profitieren können, die Ähnliches vorhaben.

Der Ansatz der kollegialen Begleitung 4

Die Wahl eines kollegialen Verfahrens als Instrument zur Qualitätsentwicklung gründet auf einem Verständnis von Bildungsakteuren, bei dem diese als Personen aufgefasst werden, die selbst über hinreichende Erfahrungen und Ressourcen verfügen, um eine eigenverantwortlich und weitgehend autonom gestaltete Qualitätsentwicklung mit eigenen Mitteln durchzuführen. Die kollegiale Begleitung unterstützt kooperative Teamstrukturen und die Förderung von analytischen, reflexiven und kommunikativen Fähigkeiten. Als Instrument der Aus- und Fortbildung von Bildungsakteuren orientiert sich dieser Ansatz an dem pädagogischen Leitbild des lebenslangen Lernens (Hof 2009) sowie an der Vorstellung, dass auch Bildungsprozesse im Berufsfeld ihren Endpunkt nicht mit dem Abschluss der Berufsausbildung finden, sondern begleitend zur beruflichen Praxis kontinuierlich fortlaufen (Messner & Reusser 2000).

Ursprung und Vorbild der kollegialen Begleitung ist die Methode der kollegialen Hospitation in der Lehreraus- und -fortbildung an allgemeinbildenden Schulen (Buhren 2012). Gerade in dem dynamischen Handlungsfeld Schule wäre es eine Illusion anzunehmen, dass Studium und Referendariat fertige Lehrerinnen und Lehrer hervorbringen. Die Qualität und die Entwicklung des beruflichen Handelns sind unter anderem stark von den Praxiserfahrungen und der Art ihrer Verarbeitung sowie von den Rahmenbedingungen des schulischen Umfeldes abhängig (vgl. Baumert & Kunter 2006). Die im schulischen Alltag vielfach variierenden Handlungskontexte und Handlungssituationen bedingen hinsichtlich der Lehrerbildung ein Ausbildungsverständnis, bei dem der Prozess der Entwicklung von Vermittlungskompetenzen nicht abzuschließen ist. Der Umgang mit der Heterogenität der Schülerschaft und die Kontextabhängigkeit von Unterrichtsverläufen, die Dynamiken in der Zusammenarbeit mit Kolleginnen und Kollegen, die jeweilige materielle und räumliche Ausstattung oder auch die Auseinandersetzung mit bildungspolitischen Diskussionen und Maßnahmen sind Rahmenbedingungen, die deutlich machen, dass der Lehrerberuf mehr ist als eine rein handwerkliche Vermittlungstätigkeit, bei der es nur darum gehen könnte, Rezepte und Standardmethoden für die Vermittlung von Fachwissen zu kennen. Vor diesem Hintergrund und angesichts des Umstandes, dass Lehrerinnen und Lehrer in einem hohen Maße autonom handeln und viele Entscheidungen allein und situativ treffen müssen, haben sich in der Lehrerbildung verschiedene Ansätze etabliert, die allesamt bemüht sind, dieser Situiertheit und Dynamik pädagogisch-didaktischen Handelns gerecht zu werden. Diese Ansätze heben im Rahmen der Forschung zur beruflichen Entwicklung von Lehrkräften beispielsweise die Rolle von Persönlichkeitsmerkmalen (Persönlichkeitsparadigma, vgl. Hertramph & Herrmann 1999) oder die Bedeutung einer erfahrungsbasierten Routinebildung (Novizen-Experten-Paradigma, vgl. Ericsson, Krampe & Tesch-Römer 1993) hervor oder bemühen sich um eine Modellierung des Gesamtkontextes des Handlungsfeldes Schule (Angebot-Nutzungs-Modell, vgl. Helmke & Weinert 1997).

Gemeinsam ist den unterschiedlichen Ansätzen – und dies ist für den Transfer des Ansatzes der kollegialen Hospitation in die außerschulische Bildungsarbeit in National- und Naturparks von Bedeutung – dass weniger der Erwerb technischer Vermittlungsfertigkeiten (z. B. die Fähigkeit, ein angemessenes Tafelbild erstellen zu können), sondern eher die Fähigkeit zu einer reflektierten und kritischen Auseinandersetzung mit der eigenen Unterrichtspraxis in das Zentrum der Lehrerbildung und der Lehrerbildungsforschung rückte. So kam es in den vergangenen Jahrzehnten zu einer Umorientierung in der Lehrerbildung: weg von einer Meister-Lehrling-Beziehung hin zu einer Praxis der kritischen Selbstreflexivität (Dick 1994, Dana 1998). Diese Vorstellung eines Qualifikationsprozesses, bei dem die Lehrkraft als eine Person betrachtet wird, die selbst kompetente Rückmeldungen zur Unterrichtspraxis geben kann und auch können sollte, findet ihren Ausdruck im Begriff der Profession und im Verständnis der Lehrerbildung als Professionalisierungsprozess (Shulman 1987; Baumert & Kunter 2006).

Lehrkräfte treffen eigenverantwortlich in Situationen Entscheidungen, die durch ein hohes Maß an Varianz und Unvorhersehbarkeit geprägt sind. In diesem Zusammenhang ist es ist ein Charakteristikum des Professionalisierungsprozesses, dass Lehrkräfte – gleichermaßen bewusst wie unbewusst – systematisch von ihren eigenen Erfahrungen lernen und Handlungsroutinen ausbilden. Lehrerinnen und Lehrer werden in ihrem Handlungsfeld zu Experten (Bromme 2004). Der Erwerb von Handlungswissen und Handlungsroutinen ermöglicht überhaupt erst adäquates Handeln in einem dichten Berufsalltag und stellt zugleich ein Risiko dar, wenn beispielsweise problematische Handlungsroutinen ausgebildet werden. Die Fähigkeit und Bereitschaft zur Reflexion des eigenen Handelns wird vor diesem Hintergrund von vielen Professionsforschern als eine Schlüsselkompetenz angesehen (Combe & Kolbe 2004).

Die Reflexion der eigenen Unterrichtspraxis und reflexives Lernen genießen in der schulischen Lehrerbildung also ein hohes Ansehen und zugleich werden Lehrkräfte als Experten ihrer Unterrichtspraxis und als kompetente Reflektierende angesehen. Daher wird bei der kollegialen Hospitation davon ausgegangen, dass Kolleginnen und Kollegen über bereits vorhandene Ressourcen verfügen, sich gegenseitig Rückmeldung über ihre Praxis geben zu können und mit dieser Rückmeldung ihre reflexiven und analytischen Fähigkeiten fortentwickeln zu können. Der Prozess der wechselseitigen Rückmeldung wird als Bestandteil und Instrument des Professionalisierungsprozesses selbst angesehen, da kollegiale Rückmeldungen eine reflexive Haltung im Sinne der oben skizzierten Schlüsselkompetenz fördern (Copeland, Birmingham, de la Cruz & Lewin 1993). Dieses Paradigma des reflexiven und praxisbezogenen Lernens wurde insbesondere durch die Arbeiten von Donald Schön zum „Reflective Practitioner" (Schön 1987) geprägt.

Auch wenn sich Reflexivität prinzipiell auch im Alleingang, in der stillen Auseinandersetzung mit der eigenen Praxis entwickeln kann, bedarf es – um analytische und selbstreflexive Kompetenzen systematisch anzubahnen – Strukturen, die diese Kompetenzen unterstützen und fördern. Günstig ist auch ein Gegenüber, das auf blinde Flecken verweist und durch dokumentierte Beobachtungen das Verhalten spiegelt. So ist die Idee des reflektierenden Praktikers eng verknüpft mit der Idee des Mehrwerts kooperativer Strukturen im schulischen Berufsalltag. Die kollegiale Hospitation dient dem Aufbau solcher kooperativen Strukturen und macht das Klassenzimmer als alltäglichen Arbeitsplatz auch zu einem Lern- und Bildungsort von Lehrkräften.

Daneben fördert die kollegiale Hospitation die Teamkultur an Schulen, sie hebt die Arbeitszufriedenheit und sie kann dem Abbau von Ängsten dienen. Die regelmäßige Erfahrung von offenen Türen und konstruktiven Rückmeldungen fördert eine Schulkultur, in der Vertrauen und Zusammenhalt im Kollegium aufgebaut werden und Besuche des eigenen Unterrichts nicht als Kontrolle, sondern – wenn die wechselseitige Rückmeldung im Sinne echter Kollegialität inszeniert wird – als Bereicherung wahrgenommen werden. Begleitstudien, die an Schulen durchgeführt wurden, die die kollegiale Hospitation als Aus- und Fortbildungsinstrument eingeführt haben, dokumentieren einerseits Unsicherheiten, die zu Beginn der Einführung bei vielen Lehrerinnen und Lehrern bestehen, da man es nicht gewohnt ist, sich über die Schulter schauen zu lassen. Der Begriff der Hospitation wird nämlich eng mit Prüfungssituationen assoziiert, bei denen es darum geht, Schwächen zu kaschieren und vor dem Mentor, dem Prüfer oder dem Vorgesetzten möglichst gut auszusehen. Die Studien zeigen aber andererseits auch die positive Resonanz, wenn Lehrkräfte anstelle von kontrollierenden oder prüfenden Hospitationen erste Erfahrungen mit kollegialen Hospitationen machen (de Boer 2011; Eberhardt, Jahnke-Klein, Kiper,

Krause & Petri 2011). Wenn die Erweiterung des eigenen Horizonts als fruchtbar wahrgenommen wird, die Beobachtungen von anderen Kollegen zu neuen Sichtweisen führen oder blinde Flecken oder Routinen – gute wie schlechte – aufgezeigt werden, entsteht eine höhere Sensibilität für den eigenen Stil. Auch kann es eine positive Erfahrung sein, wenn man erlebt, dass andere Kollegen ähnliche Probleme oder Unsicherheiten haben. Zudem kann man als beobachtende Person neue Methoden und andere Unterrichtsstile kennenlernen. Rückmeldung wird bei einer gelingenden kollegialen Hospitation nicht als Kontrolle, sondern als Bereicherung und Chance wahrgenommen.

Die leitende Idee ist, dass Lehrkräfte Verantwortung für ihren eigenen Entwicklungs- und Qualifikationsprozess übernehmen und – sowohl als berufstätige als auch als angehende Lehrkräfte – anderen Lehrenden oder Referendaren auf Augenhöhe begegnen. Daher wird die kollegiale Hospitation zunehmend von Studierenden im Rahmen universitärer Schulpraktika, von Referendaren sowie von berufserfahrenen Lehrerinnen und Lehrern zu Aus- und Fortbildungszwecken genutzt.

Eine wichtige Rahmenbedingung ist allerdings die Unterstützung durch die Administration und das Prinzip der Freiwilligkeit. Möchte man in einer Bildungsinstitution kollegiale Hospitationen institutionalisieren, so kann dies nur über die Schaffung von Freiräumen und Angeboten geschehen. Schulleitungen müssen und können auch darauf vertrauen, dass – wenn das Verfahren der kollegialen Hospitation erst einmal eingeführt ist und positiv von den beteiligten Lehrkräften bewertet und dies entsprechend kommuniziert wird – sich mehr Kolleginnen und Kollegen beteiligen. Eine Verpflichtung zur Hospitation würde den Grundprinzipien der Kollegialität widersprechen.

Anreize können durch Fortbildungsveranstaltungen zur Durchführung von kollegialen Hospitationen und Beratungsgesprächen gegeben werden (siehe Kapitel 6 „Prinzipien gelingender Beratung und konstruktiver Rückmeldung"). Feedbackgeben und Feedbacknehmen wollen ebenso gelernt sein wie die systematische Fokussierung auf klare Beobachtungsaufträge, die Formulierung von Beobachtungen oder von klaren Fragen. Beobachtungsübungen sind genauso wichtig wie ein Kommunikationstraining zur Gesprächsführung, wobei auch auf die Beziehungsebene und die Gesprächsatmosphäre geachtet wird. Ein systematisches und strukturiertes Vorgehen ist gerade bei noch ungeübten Personen von großer Bedeutung. Auch wenn das Herzstück der wechselseitigen Rückmeldung das Gespräch ist, so ist es sehr wichtig, Beobachtungen zu protokollieren. Schriftliche Notizen dienen dazu, anhand der dokumentierten Beobachtungen Situationen oder Verhalten möglichst konkret und ohne Bewertungen beschreiben zu können (siehe Kapitel 6 und 7). Denn die Formulierung eines wertfreien Feedbacks ist eine große Herausforderung. Im schulischen Kontext werden häufig Dreierteams empfohlen, um verschiedene

Wahrnehmungen zu ermöglichen und einander bei der Einhaltung von Feedbackregeln besser unterstützen zu können. Eine andere Herausforderung besteht darin, die nötige Zeit zu finden und sich trotz eines zumeist dichten Berufsalltags mit Muße auf die Gespräche einzulassen.

Die wesentlichen Elemente der in der schulischen Praxis etablierten kollegialen Hospitation werden in Kapitel 8 auf die außerschulische Bildungsarbeit übertragen. Ein wichtiges Leitprinzip dieses Ansatzes einer internen, kooperativ gestalteten, nicht hierarchischen Qualitätsentwicklung ist das Prinzip der Freiwilligkeit. Kollegiale Hospitationen kann man, wenn sie gelingen sollen, nicht verordnen. Die Rolle der Leitung von Bildungsinstitutionen besteht im Wesentlichen darin, förderliche Rahmenbedingungen zu schaffen und für eine Kultur des Vertrauens und der Kollegialität zu werben.

Nachdenklichkeit als Qualitätsmerkmal von Bildungsprozessen 5

Die gegenseitige Begleitung von Bildungsakteuren hat nicht nur das Ziel, die Führungen in Hinblick auf die inhaltlichen Vermittlungsziele weiter zu optimieren. Vielmehr ist es ein vorrangiges Anliegen, ein reflexives und nachdenkliches Verhältnis zur eigenen Bildungspraxis zu gewinnen. Diese Nachdenklichkeit fassen wir – wie bereits in der Einleitung gesagt – als ein wesentliches Qualitätsmerkmal von Bildungsprozessen auf. Bei den gegenseitigen, kollegialen Begleitungen geht es vor allem darum, sich seines eigenen Stils bewusst zu werden und diesen zu kultivieren. Insofern geht es bei diesem Ansatz nicht in erster Linie darum, methodische Tipps zur Perfektionierung der jeweiligen Führungen zu geben und zu erhalten.

Eine in diesem Sinne nachdenkliche und reflexive Haltung der Bildungsakteure kann sich – so unsere Grundannahme – auch auf die Teilnehmer von Führungen produktiv auswirken, da sich die Kultivierung von Reflexivität und die Muße, sich auf andere Personen einzulassen, zu bewusst gestalteten und von den Bildungsakteuren wertgeschätzten Elementen der Qualitätsentwicklung der eigenen Bildungsarbeit und des eigenen Bildungsverständnisses entwickeln kann. Jemand, der sich sensibel seiner eigenen Bildungspraxis bewusst ist, kann auch auf die feinen, nachdenklichen Signale der Teilnehmer achten und diese produktiv weiterführen.

Wenn man die Leitideen der *Bildungsarbeit* in National- und Naturparks und den Anspruch von *Bildung* genauer betrachtet, dann geht es – obgleich fachliche Inhalte in den Führungen und Veranstaltungen viel Raum einnehmen und sie immer auch wieder im Mittelpunkt der Erzählungen stehen – weniger um die Vermittlung von biologischen oder ökologischen Informationen, sondern es geht um die Initiierung von Bildungsprozessen, die die Teilnehmer berühren und sie nachdenklich stimmen. Dazu ist es wichtig, dass die Waldführer nicht nur die richtigen Informationen haben und sie effizient weitergeben; wichtige Voraussetzung für wahrhaftige *Bildung*sprozesse ist die eigene Nachdenklichkeit und ein Interesse an der Nachdenklichkeit der Teilnehmer. Deshalb soll in diesem Kapitel kurz skizziert werden, wie *Nachdenklichkeit* aus bildungstheoretischer Perspektive gedacht werden kann. Eine wichtige Grundannahme dabei ist, dass eine solchermaßen bildungstheoretisch fundierte Nachdenklichkeit der Bildungsakteure auch besagte Nachdenklichkeit bei den Teilnehmern von Führungen ermöglicht.

In den Worten Hans Blumenbergs ist Bildung treffend beschreibbar durch die Metapher von der „Lesbarkeit der Welt". Das Bild von der Lesbarkeit der Welt verdichtet das menschliche Verlangen, die Welt als eine sinnvolle zu interpretieren. Es ist das Verlangen, „die Welt möge sich in anderer Weise als der bloßen Wahrnehmung und sogar der exakten Vorhersagbarkeit ihrer Erscheinungen zugänglich erweisen: im Aggregatzustand der ‚Lesbarkeit' als ein Ganzes von Natur, Leben und Geschichte sinnspendend sich erschließen" (Blumenberg 1981, 10).

Das Lesen der Welt hat demnach auf der einen Seite einen originär subjektiven Faktor, nämlich das Sinnverlangen, bezieht sich aber auf der anderen Seite auf Gegenstände außerhalb des eigenen Selbst. Das Lesen der Welt erfordert zudem eine komplexe Denktätigkeit, bei der es nicht mit einem Nachvollziehen biologischer oder ökologischer Tatsachen oder Modelle getan ist. Das Lesen der Welt korrespondiert mit dem Stil einer philosophischen Nachdenklichkeit (Dittmer 2010), bei der grundlegende Fragen zum eigenen Selbst- und Weltverständnis berührt werden und die im Rahmen der Bildungsarbeit in National- und Naturparks eng mit der Aneignung von Wissen verknüpft ist. Vor dem Hintergrund einer derartigen bildungstheoretisch fundierten Haltung kann es sowohl Bildungsakteuren als auch Besuchern gelingen, die Erfahrungen und Erlebnisse bei Führungen in National- und Naturparks und die dabei ermöglichten Lernprozesse als sinnvoll zu interpretieren (Gebhard 2015).

Nur Nachdenklichkeit, nur ein Denken, das auf subjektive Sinnkonstituierung und Verstehen gründet und zielt, kann mit der Fülle des Wissens fertig werden. Eine Anhäufung von noch mehr einzelnen Faktenwissen führt dagegen zu einer „Verstopfung der Köpfe" (Rumpf 2002, 8). Nachdenklichkeit hingegen ist notwendig bilder- und metaphernreich und hat oft die Form von „Geschichten". Diese imaginative, symbolische und narrative Form von Nachdenklichkeit ist bei der Initiierung von Bildungsprozessen im Auge zu behalten (Combe & Gebhard 2012).

Vor dem Hintergrund, dass die Bildungsarbeit in National- und Naturparks darauf abzielt, Besuchern (seien es Touristen, Einheimische oder Schulklassen) die Ziele der aufgesuchten Institutionen und hiermit einhergehend die Bedeutung von Natur bzw. Naturlandschaften und von naturschützenden Maßnahmen näher zu bringen (Gebhard 2014), soll nachfolgend ein Blick auf die Denktraditionen geworfen werden, in die der Begriff *Bildung* eingebettet ist. Der Rekurs auf bildungstheoretische Positionen soll verdeutlichen, dass aus dieser Perspektive weniger der Wissenserwerb, sondern die Anregung zur Nachdenklichkeit, sei es für sich allein oder im Diskurs mit anderen Besuchern und Bildungsakteuren, im Zentrum der Bildungsarbeit steht.

Als ein traditioneller Begriff der deutschsprachigen Pädagogik und Erziehungswissenschaft thematisiert Bildung die Persönlichkeitsentwicklung und die Befähigung zur gesellschaftlichen Teilhabe. Der gemeinsame Nenner vieler Bildungstheoretiker ist ein Verständnis von Bildung als einem kritisch-reflexiven und zugleich konstruktiven Prozess, in dem Individuen zu neuen Sichtweisen, Fähigkeiten und somit auch Handlungsmöglichkeiten gelangen (vgl. Mollenhauer 1983; Klafki 1994; Benner et al. 1999; Koller 1999). Der in diesem Buch dargestellte Ansatz der kollegialen Begleitung folgt seinem Wesen nach einem in diesem Sinne emanzipatorischen und selbstreflexiven Verständnis von Bildung.

In der alltagssprachlichen Verwendung ist der Bildungsbegriff durch eine Vieldeutigkeit ausgezeichnet, wie es für Begriffe des Alltags nicht ungewöhnlich ist. So schreibt der Bildungshistoriker Bernhard Schwenk über den Bildungsbegriff, dass ihm ein „emphatisches Schwergewicht" innewohne, welches „ihn über den Rahmen eines wissenschaftlichen Terminus hinaushebt" (Schwenk 1996, 209). Der Begriff der Bildung wird im Alltag und in der öffentlichen Diskussion gern verwendet und nur selten definiert. Der Begriff ist bisweilen schillernd und er transportiert ein ideengeschichtliches Erbe und pädagogisches Kulturgut. Im Kontrast zu der bildungstheoretischen Denktradition stehen in der alltagssprachlichen Rede über Bildung zumeist die Bildungsinhalte im Vordergrund, die zu einer Auseinandersetzung mit der Welt führen können. So formuliert auch Schwenk: „Mit ‚Bildung' ist heute meist all das gemeint, was der Mensch durch die Beschäftigung mit Sprache und Literatur, Wissenschaft und Kunst zu gewinnen vermag, durch die erarbeitende und aneignende Auseinandersetzung mit der Welt schlechthin" (ebd., 208). In National- und Naturparks sind es insbesondere die naturbezogenen Ausschnitte der Welt, die das Potenzial haben, Menschen in bildungswirksame Auseinandersetzungen zu führen. Während allerdings der Gedanke von Schwenk – mit seinem Verweis auf das häufig im Alltag vorherrschende Verständnis von Bildung – suggeriert, dass es bei Bildung darum ginge, sich Wissen über die Welt und besondere Fähigkeiten anzueignen, möchten wir uns nachfolgend auf eine bildungstheoretische Position beziehen, bei der Bildungsprozesse dadurch charakterisiert sind, dass Menschen sich zu sich selbst, ihren Erfahrungen und Vorstellungen und zu der sie umgebenden Welt in Beziehung setzen. Bildung bedeutet hier, Selbst- und Weltverhältnisse zu spiegeln, neue Perspektiven einzunehmen und hinsichtlich gewohnter Sicht- und Handlungsweisen auch in krisenhafte Situationen zu gelangen. Gemeint sind hier produktive Krisen, die neue Sichtweisen und Erfahrungen überhaupt erst ermöglichen.

Im Alltag wird Bildung bzw. ‚gebildet sein' häufig auf den Umfang des Wissens einer Person sowie auf klassisches, kulturelles Wissen bezogen, wie Schwanitz (1999) es in seinem Buch über Bildung darlegt: „Alles, was man wissen muss." Dies entspricht dem historischen Konzept materialer Bildung, das sich auf die Inhalte von Bildung, insbesondere auf das geistige Kulturgut, bezieht. Ihr gegenüber steht die Idee der formalen Bildung, bei der die Entwicklung persönlicher Fähigkeiten und Einstellungen als essentieller Gegenstand von Bildung aufgefasst wird (vgl. Schwenk & Pogrell 1995). Diese Dualität von Bildungsinhalten und Bildungsprozessen ist in der von Wolfgang Klafki (1994) geprägten Idee einer kategorialen Bildung verdichtet. Klafkis Idee einer kategorialen Bildung betont die lebensweltlich verankerte Auseinandersetzung zwischen dem Bildungssubjekt und den Objekten, die zu Auslösern und Bezugspunkten von Bildungsprozessen werden (können). Klafki hebt in Humboldtscher Tradition das reflexive Potential von Momenten der Weltbegegnung hervor, wenn Menschen sich in der Auseinandersetzung mit ihrer Umwelt zugleich auch mit ihren eigenen Vorstellungen, Wünschen und ihrer Biographie beschäftigen und in der Lage sind, beides – die Welt und die eigene Person – aufeinander zu beziehen: „Diese doppelseitige Erschließung geschieht als Sichtbarwerden von allgemeinen, kategorial erhellenden Inhalten auf der objektiven Seite und als Aufgehen allgemeiner Einsichten, Erlebnissen, Erfahrungen auf der Seite des Subjekts" (Klafki 1963, 43). Bildung beinhaltet nach Klafki eine Autonomie fördernde und zugleich konstruktive Wissensaneignung in der Auseinandersetzung mit aktuellen, von Klafki (1994) als epochaltypisch bezeichneten Schlüsselproblemen. In der Bildungsarbeit in National- und Naturparks finden wir solche epochaltypischen Schlüsselprobleme beispielsweise bei den Themen Klimawandel, Nachhaltigkeit oder Biodiversität. Und ganz im Sinne von Gestaltungskompetenz (de Haan 2008) dient die Aneignung von Bildungsinhalten bei Klafki der Erweiterung sozialer Handlungsfähigkeit.

Dieses Bildungsverständnis steht in einer langen Tradition humanistischen Denkens und enthält zwei Facetten der Persönlichkeitsentwicklung. Die eine Facette ist, dass Bildung verstanden wird „als Befähigung zu vernünftiger Selbstbestimmung, die die Emanzipation von Fremdbestimmung voraussetzt oder einschließt, als Befähigung zur Autonomie, zur Freiheit eigenen Denkens und eigener moralischer Entscheidungen. Eben deshalb ist denn auch *Selbsttätigkeit* die zentrale Vollzugsform des Bildungsprozesses" (Klafki 1986, 458, Hervorh. i. O.). Auch für die Bildungsarbeit in National- und Naturparks ist dieser Ansatz von Interesse, da Bildungsakteure sich die Frage stellen können, inwiefern die naturpädagogische Praxis Raum für Selbsttätigkeit im Sinne einer offenen Weltbegegnung und einer selbstreflexiven Nachdenklichkeit lässt.

Die andere Facette von Bildung bezieht sich bei Klafki auf die Idee der menschlichen Gemeinschaft, innerhalb derer sich das Individuum entfalten kann. Klafki hebt hervor, dass diese Gemeinschaft sich dadurch auszeichnet, dass sie eine gemeinsame Geschichte und eine gemeinsame Zukunft hat. Der Mensch bildet sich nicht für sich allein. Bildungsprozesse finden in einem sozialen Miteinander statt und sie haben soziale Bezugspunkte, die über die konkrete Situation hinausgehen und Ideen und Werte einer humanen Gesellschaft transportieren. So ist nach Klafki Bildung „nur möglich *im Medium eines Allgemeinen*, das heißt historischer Objektivation der Humanität, der Menschlichkeit und ihrer Bedingungen, dies aber nicht in historisierender Rückwendung, sondern in der Orientierung auf Möglichkeiten und Aufgaben humanitären Fortschritts" (Klafki 1986, 463, Hervorh. i. O.). Hierauf bezogen formuliert Klafki (1994) drei Grundfähigkeiten, welche durch konkrete Bildungsarbeit vermittelt werden sollten: Die Fähigkeit zur Selbstbestimmung, die Fähigkeit zur Mitbestimmung und zur Gestaltung von öffentlichen Meinungsbildungs- und Entscheidungsprozessen – was auch beinhaltet, für sich und sein Handeln Verantwortung übernehmen zu können – und die Fähigkeit zur Solidarität mit all denen, die daran gehindert werden oder nicht in der Lage sind, diese Fähigkeiten zur Selbst- und Mitbestimmung auszuüben (Klafki 1994). Auch wenn Klafki die Fähigkeit zur Solidarität auf Menschen bezog, ist dieser Aspekt auch für Naturschutzziele von Interesse, da es ja hier darum geht, gegenüber nicht-menschlichen Entitäten wie Tieren, Arten oder ganzen Ökosystemen eine wertschätzende und schützende Haltung einzunehmen.

In der gegenwärtigen bildungstheoretischen Diskussion wird der hier skizzierte emanzipatorische Kern von Bildung noch stärker auf die Herausforderungen einer durch Individualisierung und kulturelle Heterogenität geprägten Gesellschaft bezogen. Zeitgenössische Bildungstheoretiker wie Hans-Christoph Koller betonen das bereits genannte Moment der produktiven Krise: „Bildung (also das, was pädagogisches Handeln ermöglichen und befördern soll) kann als Prozess grundlegender Transformationen der Art und Weise verstanden werden, in der Menschen sich **zur Welt und zu sich selbst verhalten.** Dabei ist davon auszugehen, dass Bildung im Sinne solcher Transformationen sich immer dann vollzieht (oder besser: vollziehen *kann*), wenn Menschen Erfahrungen machen, zu deren Bewältigung ihre bisherigen Mittel und Möglichkeiten nicht ausreichen" (Koller 2007, 56). So sieht Koller die Aktualität des Bildungsbegriffes in der Notwendigkeit für das Individuum, sich in einer radikal pluralistischen Gesellschaft, in der „eine allgemeine oder universale Grundlage" (Koller 1999, 15) gesellschaftlicher Werte nicht vorhanden sei, mit einer kohärenten biographischen Identität zu positionieren: „Bildung, so die zentrale These (…) wäre unter den Bedingungen der (Post-)Moderne, d. h. angesichts einer radikalen Pluralität heterogener Diskursarten, als derjenige Prozeß zu verstehen, der es ermöglicht, dem Widerstreit als dem Inbegriff dieser Pluralität gerecht zu werden" (Koller 1999, 17). In Anlehnung an Lyotard (1989) gibt es nach Koller keine universellen Regeln, wenn in durch Heterogenität geprägten Kulturen „unvereinbare Sprachspiele oder Diskursarten" (Koller 2005) miteinander in Widerstreit geraten. In Anschluss an Marotzki (1990) und Kokemohr (2007) fasst Koller Bildung als transformativen Prozess des Selbst- und Weltverhältnisses auf, durch den Individuen zu neuen Sichtweisen und Handlungsmöglichkeiten gelangen. Der Begriff der Bildung steht hier für eine krisenhafte Auseinandersetzung mit dem eigenen Selbst- und Weltverhältnis. Eine Vollzugsform eines solchen transformativen Bildungsprozesses ist die Anregung zu einer selbstreflexiven Nachdenklichkeit über die eigene Beziehung zur Welt und damit auch zur Natur. Ein bestimmendes Element zeitgenössischer bildungstheoretischer Positionen ist die individuelle und sozial geteilte Auseinandersetzung mit unterschiedlichsten Wissensformen und Perspektiven. Bildungsarbeit kann diesbezüglich bedeuten, die unterschiedlichen Wissensformen und Perspektiven sichtbar werden zu lassen und zu gemeinsamen Reflexionen anzuregen, bei denen die Bildungsakteure nicht bevormundend Einfluss nehmen und die Offenheit oder auch den möglichen Widerstreit aushalten.

Ausgehend von diesen bildungstheoretischen bzw. bildungsphilosophischen Überlegungen ist eine Unterscheidung von *Lernen* (im Sinne des Erwerbs neuen Wissens und neuer Fähigkeiten) und von *Bildung* (im Sinne einer Reflexion des Selbst- und Weltverhältnisses) für das Selbstverständis der *Bildung*sarbeit von großer Bedeutung, z. B. wenn es darum geht, für Fragen und Probleme des Naturschutzes zu sensibilisieren und Besucher von National- und Naturparks zum Nachdenken anzuregen. National- und Naturparks wollen natürlich auch informieren, und Lernprozesse, bei denen das Ziel der Erwerb von Wissen über National- und Naturparks ist, lassen sich durchaus sinnvoll gezielt durch didaktische Maßnahmen anregen. Bildungsprozesse hingegen lassen sich nicht im selben Maße gezielt moderieren, sie benötigen Raum für Muße und Nachdenklichkeit. Die Bildungsarbeit sollte insofern Anknüpfungspunkte für das Sinnverlagen der Menschen geben: Naturerfahrungen, die Reflexion über Landschaftsbilder oder über die persönlichen Vorstellungen von Natur und Wildnis (Gebhard 2015a) können zu Ausgangspunkten für Nachdenklichkeit und somit zu Ausgangspunkten für transformatorische Bildungsprozesse werden.

„Wir haben uns angewöhnt", so Helmut Peukert, „zwei Weisen des Lernens zu unterscheiden. Die eine Art ist eher ein additives Lernen, d. h. im Rahmen eines gegebenen Grundgerüsts von Orientierungen und Verhaltensweisen lernen wir immer mehr Einzelheiten, die aber diese Grundorientierungen und die Weisen unseres Verhaltens und unser Selbstverständnis nicht verändern, sondern eher bestätigen. Daneben gibt es auch Erfahrungen, die, wenn wir sie wirklich zulassen, unsere bisherigen Weisen des Umgangs mit der Wirklichkeit und unser Selbstverständnis sprengen, die unsere Verarbeitungskapazität überschreiten. Wollen wir solche Erfahrungen wirklich aufnehmen, so verlangt dies eine Transformation der grundlegenden Strukturen unseres Verhaltens und unseres Selbstverhältnisses" (Peukert 2003, 10).

Auch wenn die bildungstheoretischen Überlegungen in Hinblick auf Waldführungen und gemeinsame Wanderungen abstrakt anmuten, so ist Nachdenklichkeit durchaus auch ein beobachtbares Phänomen, das die Bildungsarbeit in Naturschutz- und Nationalparks begleiten kann. Nachdenklichkeit zeigt sich beispielsweise in der Art und Weise, wie mit den Besuchern über den Gegenstand der Bildungsarbeit, die Ziele und Inhalte der National- und Naturparks, gesprochen wird sowie in der Haltung, mit der Bildungsakteure ihren Gästen begegnen und ihnen Raum für Erfahrungen, Nachdenklichkeit und Diskussionen geben.

Prinzipien gelingender Beratung und konstruktiver Rückmeldung

Das gegenseitige, kollegiale Begleiten und Beraten im Rahmen der außerschulischen Bildungsarbeit in National- und Naturparks soll in einer möglichst symmetrischen Beziehung und entspannten Atmosphäre geschehen. Bei diesem Ansatz wird davon ausgegangen, dass jeder Bildungsakteur potentiell ein Berater sein und zu einem Beratenen werden kann, unabhängig von seiner Qualifikation, seinen Fähigkeiten oder Kenntnissen. Dieser Ansatz setzt somit prinzipiell nicht auf ein „Besserwissen" oder auch nur „Bescheidwissen". Es geht schließlich darum, gemeinsam über die Bildungspraxis in ein nachdenkliches Gespräch zu kommen, wobei für die Zeit der Begleitung eine klare Rollenteilung vereinbart wird: Die Rolle des praktischen Bildungsakteurs und die Rolle des Beobachters, der seine möglichst genauen Beobachtungen dem Praktiker in einer Weise zur Verfügung stellt, dass dieser sie als hilfreiche Hinweise annehmen kann. Auf dieser Grundlage kann ein konstruktives Gespräch entstehen, bei dem beide Gesprächspartner lernen können.

Insofern unterstellt der Ansatz der kollegialen Begleitung (siehe Kapitel 4) – und auch die diesem Ansatz zugrunde liegende Idee des wechselseitigen Beratens – die Kompetenz und die Mündigkeit beider Partner als eine gegebene Voraussetzung. Das unterscheidet dieses Modell von Erziehung oder Therapie, bei der ja (zumindest in der Regel) nicht von einer symmetrischen Interaktionsstruktur ausgegangen wird. Beim gegenseitigen Beraten begegnen sich die Gesprächspartner auf Augenhöhe.

Ein zentrales Leitbild einer solchen gegenseitigen Beratung ist die Idee des herrschaftsfreien Diskurses (Habermas 1981). Eine Gesprächssituation, die diesem Leitbild folgt, ist eine, bei der man nicht Recht haben will, bei der man nicht gut sein muss, bei der man Neues bei sich selbst, bei der eigenen pädagogischen Praxis und der Praxis des begleiteten Partners entdecken kann. Angesichts möglicher hierarchischer Strukturen (die auch in der Organisations- und Verwaltungsstruktur von National- oder Naturparks bestehen können) ist das Ideal des herrschaftsfreien Diskurses, bei dem es ja dem geflügelten Worte nach nur den „Zwang des besseren Arguments" gibt, natürlich eine Herausforderung. Insofern sollte die gegenseitige kollegiale Begleitung und Beratung sehr klar und deutlich von administrativen Notwendigkeiten oder auch von verpflichtenden Aus- oder Fortbildungsmaßnahmen abgegrenzt werden. Für eine gelingende Beratung und Begleitung sind nämlich Macht und Verpflichtungen eher als eine Gefährdung des anvisierten Zieles einer eigenverantwortlichen Qualitätsentwicklung der Bildungsarbeit anzusehen. Die kollegiale Beratung folgt in doppelter Hinsicht dem Prinzip der Freiwilligkeit: Zum einen ist das sich Einlassen auf die Beratungssituation freiwillig und zum anderen ist auch die Annahme von Ratschlägen in der Beratungssituation grundsätzlich freiwillig. Ratschläge sind immer nur Angebote. Wenn sie als Anweisungen gemeint oder auch nur missverstanden werden, handelt es sich nicht mehr um Beratung, sondern um Kontrollversuche und bevormundende Versuche der Einflussnahme.

Das Ergebnis der Beratung ist offen und vor allem dem Berater selbst völlig unverfügbar. Welcher Rat letztlich aus einem Beratungsgespräch resultiert, ist das Ergebnis eines dialogischen Prozesses und was aus der Beratung wird, was die praktischen Folgen einer Beratung sind, ist Sache des Beratenen. Es ist gewissermaßen ein gemeinsames Nachdenken, ein Beratschlagen. Diese symmetrische Beratungsbeziehung ist deutlich zu unterscheiden von einer Beratung im Kontext eines Arzt-Patienten-Verhältnisses oder eines Chef-Angestellten-Verhältnisses oder von der Expertenberatung, bei der eine asymmetrische Beratungssituation intendiert ist.

Insofern ist eine gelingende, kollegiale Beratung vor allem eine Funktion einer akzeptierenden Haltung des Beraters, der aber zugleich seine Wahrnehmung und Aufmerksamkeit, auch seine eigenen Erfahrungen ehrlich und zugleich höflich dem Beratungspartner präsentiert. Der Berater stellt insofern seine ganze Aufmerksamkeit geradezu liebevoll dem Beratenen zur Verfügung. Dazu ist es wichtig, nur auf deskriptive Weise zurückzumelden, wie etwas gewesen ist bzw. wie etwas von außen wahrgenommen bzw. verstanden wurde. Es geht nicht um Bewertung und Kritik, es geht nicht darum, ob etwas gut oder schlecht war. Jede pädagogische Praxis hat ihren Eigensinn, die es zunächst zu verstehen gilt, um sie dann vielleicht weiter zu entwickeln und zu kultivieren. Bei der Spiegelung des Eigensinns der pädagogischen Praxis kann der Beobachter, der selber Bildungsakteur ist und dessen pädagogische Praxis selbst ihren Eigensinn hat, ein Stück weit helfen.

Es geht also weniger um eine Beratung im Hinblick auf die Ergebnisse einer Führung, als vielmehr um eine Reflexion des Prozesses. Eine solche „Prozessberatung" (Schein 2000), die zu den nicht-direktiven Beratungsformen gehört, zeichnet sich dadurch aus, dass nur dem Begleiteten das Problem (wenn es eines gibt) „gehört", auch wenn er die Probleme selber noch gar nicht kennt. Um die Identifizierung und Verflüssigung derartiger Probleme kann es bei Beratungsgesprächen gehen.

Wie lassen sich nun diese Prinzipien einer gelingenden Beratung umsetzen? Trotz der Offenheit des Beratungsgesprächs gehören zu einer guten Beratung auch eine Reihe von Techniken, Fähigkeiten und Einstellungen, die eingesetzt werden können, um anderen zu helfen, ihre pädagogische Praxis zu reflektieren und mit Problemen konstruktiv umzugehen (vgl. Reddy 1997; Philipp 1996; Bastian, Combe & Langer 2007; Fengler 2009). Auf diese Weise können die Beratenen ihre eigenen Möglichkeiten ausschöpfen und im Sinne einer Hilfe zur Selbsthilfe Verantwortung für ihre eigene pädagogische Praxis übernehmen. Dazu sollten alle Beteiligten abwechselnd sowohl die Rolle des Begleiteten als auch die Rolle des Begleiters und Beratenden einnehmen, um beide Perspektiven kennenzulernen. Die nachfolgend beschriebenen Prinzipien sind Empfehlungen zur Gestaltung von kollegialen Beratungsgesprächen.

1. Beraten, ohne Rat zu geben

In dem Beratungsgespräch geht es gewissermaßen darum, zu beraten, ohne Rat zu geben. Der Ratgeber muss sich darüber bewusst sein, dass seine durchaus auch gut gemeinten Ratschläge bisweilen auch Schläge im Sinne des Wortes sein können, weil sie nämlich den Beratenen als inkompetent oder hilfsbedürftig erscheinen lassen und ihn damit klein machen. In diese „Falle" geraten leicht die Berater, die besonders gut sein wollen. Sie inszenieren sich selbst gern als wissend, kompetent und erfahren und bieten damit gerade keine Hilfe zur Selbsthilfe an. Der Beratene ist zwar womöglich „dankbar" für die guten Ratschläge, kommt jedoch gerade deshalb immer wieder zur Beratung und lernt nicht, sich selbst zu helfen.

2. Vertrauen

Sehr wichtig ist, dass sich Teilnehmer einer kollegialen Begleitung vertrauen. Erst vor dem Hintergrund eines solchen Vertrauens können sich Probleme verflüssigen, können neue Perspektiven in den Blick genommen werden und können neue Ideen angenommen werden. Insofern sollte es stets freigestellt werden, wer wen begleitet oder wer sich von wem begleiten lässt.

3. Vertraulichkeit

Eine entscheidende Bedingung für dieses Vertrauen ist eine vollständige Verschwiegenheit über Inhalt und Abläufe der Beratungsgespräche gegenüber Dritten, insbesondere gegenüber Dienstvorgesetzten. Die Teilnehmer einer kollegialen Beratung vereinbaren gewissermaßen eine Art von gegenseitiger Schweigepflicht. Erst das Vertrauen in die Vertraulichkeit der Beratungssituation ermöglicht einen offenen und herrschaftsfreien Umgang mit der eigenen pädagogischen Praxis und die konstruktive Entwicklung neuer Lösungen.

4. Wertschätzung

In einer Atmosphäre, die von Akzeptanz und Wertschätzung gekennzeichnet ist, können neue Gedanken entstehen. Grundsätzlich wird von der Kompetenz der Kollegen ausgegangen. Es wird unterstellt, dass die pädagogische Arbeit nach besten Wissen und Gewissen erfolgt, die Führung ist also so gut wie möglich und nicht umgekehrt.

5. Fehlerfreundlichkeit

Trotzdem gibt es natürlich bisweilen kritische Punkte, die es auch anzusprechen gilt. Jedoch: Fehler sind der Regelfall und in der Beratungssituation sind sie eher als Lern- und Reflexionschancen zu verstehen. Auf jeden Fall sind Gefühle von Scham und Schuld zu vermeiden.

6. Nicht-Wissen benennen

Oft kann der Begleiter bei einer Führung kritische Punkte identifizieren, bei denen er aber auch nicht weiter weiß. Diese Punkte des Nichts-Wissens sind ausgesprochen produktiv und können sehr gut im gemeinsamen Gespräch benannt werden.

7. Höflichkeit

Alle Interventionen des Begleiters sollen in einer bezogenen Art und Weise vorgebracht werden, die empathisch die Wirkungen beim Begleiteten bedenkt. Sehr erhellend ist in diesem Zusammenhang der folgende Tagebucheintrag von Max Frisch: „Man begnügt sich nicht damit, dass man dem anderen einfach seine Meinung sagt; man bemüht sich zugleich um ein Maß, damit sie den anderen nicht umwirft, sondern ihm hilft; wohl hält man ihm die Wahrheit hin, aber so, dass er hineinschlüpfen kann" (Frisch 1965, 48).

8. Den richtigen Zeitpunkt finden und sich Zeit nehmen

In diesem Zusammenhang ist auch die Situation bzw. der Zeitpunkt zu bedenken, an dem eine Intervention fruchtbar sein kann. Man kann (fast) alles sagen, wenn es situationssensibel und zum richtigen Zeitpunkt vorgebracht wird. Das erfordert ein gewisses Fingerspitzengefühl. Auch ist es wichtig, sich Zeit zu nehmen und das Gespräch mit Muße zu führen, sich gegenseitig ausreden zu lassen und zwischendurch auch über das Gesagte nachzudenken.

9. Hilfreiche Fragen

Es sollten nie rhetorische Fragen gestellt werden.

Fragen signalisieren zum einen das besagte Nicht-Wissen und zum anderen eine interessierte Haltung. Folgende Fragen können je nach Situation sinnvoll sein:

- „Wie fühltest Du Dich dabei?"
- „Wie reagiertest Du darauf?"
- „Wie reagierten und fühlten sich andere?"
- „Warum gingst Du so vor?"
- „Warum geschah das Deiner Meinung nach?"
- „Was war die Absicht?"
- „Welche Optionen gibt es?"
- „Hätte es eine Alternative gegeben?"
- „Hast Du daran gedacht, … zu tun?"
- „Warum bist Du so … vorgegangen?"
- „Hast Du andere Optionen in Betracht gezogen?"
- „Könntest Du auch …?"

10. Mit positiven Beobachtungen beginnen

Um eine offene Gesprächsatmosphäre herbeizuführen und keine abweisenden oder verteidigenden Reaktionen hervorzurufen, sollte in der Regel mit positiven Beobachtungen begonnen werden. Gerade zu Beginn des Gespräches gilt es zu vermeiden, dass sich der Gesprächspartner für sein Handeln rechtfertigt. Dies gilt für das ganze Gespräch, der Gesprächsauftakt ist aber besonders sensibel. Positive Beobachtungen sind Ausdruck der Wertschätzung und fördern eine Situation, in der sich die beratende Person auch kritischen Punkten gegenüber öffnet. Wichtig ist hierbei, dass es sich um echte, konkrete positive Beobachtungen handelt und nicht um allgemeine Phrasen, die den kritischen Beobachtungen nur vorweg gehen. Zudem sollten positive und negative Beobachtungen im gesamten Gespräch ausgewogen verteilt sein, damit sich das Gespräch am Ende nicht auf negative Beobachtungen konzentriert.

11. Beschreibung konkreter Handlungen und Situationen

Um nah bei den konkreten Beobachtungen zu bleiben und diese beschreibend und nicht bewertend darzustellen, sollten Verallgemeinerungen vermieden werden. Die Beobachtungen sollten klar formuliert und nachvollziehbar sein. Dies gilt insbesondere dann, wenn der Beratende den Eindruck hat, allgemeine Verhaltensmuster des Beratenen aus früheren Situationen wiederzuerkennen. Da sich das Beratungs-

gespräch auf die konkrete Begleitung bezieht, sind Sätze wie „Immer wenn Du..."
nicht angemessen und zu vermeiden.

12. Keine Kommentare zur Person

Während einer einzelnen Begleitung können Verhalten und Verläufe sehr genau
beobachtet werden, nicht aber Persönlichkeitseigenschaften. Nur das konkrete
Verhalten und der Auftritt der beobachtenden Person sind Bestandteile der Rückmeldung. Persönlichkeitseigenschaften sind nicht in einer einzelnen Begleitung mit
Bestimmtheit zu beobachten und eben nur die konkreten Situationen und Handlungen während der Begleitung sind Gegenstand des Beratungsgesprächs. Wenn
wir Personen Eigenschaften zuschreiben, dann summieren wir unsere Erfahrungen
und interpretieren sie. Im Beratungsgespräch sollen aber konkrete Beobachtungen
gemeinsam reflektiert und nicht von dem Beratenden festgestellt und interpretiert
werden. An konkretem und benennbarem Verhalten kann man leicht ansetzen,
vielleicht, um es zu verändern oder um nach alternativen Handlungsmöglichkeiten zu suchen. Persönlichkeitseigenschaften hingegen sind sehr viel stabiler und
es kann übergriffig sein, bestimmte Eigenschaften zugeschrieben zu bekommen.

Auch wenn der Begleiter also keine ungebetenen, bewertenden Kommentare
zur Person des Begleiteten abgibt, kann es natürlich sein, dass der Begleitete über
sich und seinen Stil ins Nachdenken kommt. Dies kann bei einem entsprechenden
Vertrauensverhältnis durchaus auch in einem gemeinsamen Dialog geschehen.

13. Wirkungen aus der Ich-Perspektive beschreiben

Das Verhalten von Personen ist natürlich auch ein Ausdruck ihrer Eigenschaften.
Beispielsweise können Menschen temperamentvoll, zurückhaltend, verständnisvoll
oder gesprächig wirken. Solche Beobachtungen können als Wirkungen beschrieben werden, in dem Sinne von: „Auf mich wirkten Sie in der Situation sehr offen
gegenüber den Touristen, da Sie Ihnen sehr lange zugehört haben und lange stehen
geblieben sind." Eine solche Beschreibung greift vermutete Eigenschaften auf und
verknüpft sie mit einer konkreten Handlung. Die Ich-Perspektive unterstreicht hierbei
deutlich, dass es sich um eine Wahrnehmung handelt und um eine Interpretation
der Situation, die dann gemeinsam besprochen werden kann.

14. Der Umgang mit Rückmeldungen

Auch das konstruktive Annehmen von Feedback erfordert bestimmte Fähigkeiten. Dazu gehört, dass die beratene Person ihren Beobachter im Feedbackgespräch ausreden lässt. Dadurch hält sie sich selbst davon ab, Erklärungen oder gar Rechtfertigungen abzugeben, die die Diskussion in der Regel nicht weiterbringen. Die beratene Person muss sich nicht erklären, denn sie entscheidet selbst, ob sie etwas an ihrer Arbeit ändern möchte oder nicht. Natürlich können auch Veränderungsmöglichkeiten gemeinsam besprochen werden, doch nicht immer ist es möglich, sofort auf alles eine zufriedenstellende Antwort zu finden. Entsprechende Entscheidungen brauchen manchmal einfach eine gewisse Zeit des Nachdenkens. Für das Feedbackgespräch ist es von zentraler Bedeutung, dass der Begleitete sich auch tatsächlich einen Spiegel vorhalten lässt. Dies geht, indem er dem Beobachter interessiert zuhört und es diesem dadurch ermöglicht, seine Sichtweise zu entfalten.

Kollegiale Begleitung in der Praxis

Nachdem die Prinzipien für eine gelingende Beratung vorgestellt und diskutiert wurden, sollen an dieser Stelle einige Praxisbeispiele aus dem Modellprojekt dargestellt werden. In dem in Kapitel 3 vorgestellten Evaluationsprojekt haben die externen Begleiter in über 60 Feedbackgesprächen konkret erfahren können, welche Bedeutung der Beachtung der Grundlagen einer konstruktiven Beratung in der tatsächlichen Gesprächssituation zukommt und wie diese praktisch aussehen kann. Im Sinne eines produktiven Umgangs mit Problemen und Schwierigkeiten, die bei einer kollegialen Begleitung auftauchen können, kommen auch wieder Stolpersteine zur Sprache, die sich oft erst in der Realsituation zeigen. Außerdem wird der Protokollbogen vorgestellt, der als Hilfe für die Begleitung und auch als roter Faden für das Feedback-Gespräch konzipiert wurde. Der Protokollbogen ist in zwei unterschiedlichen Versionen im Anhang zu finden.

Feedbackmethoden in Workshops erarbeiten

Für das Gelingen einer kollegialen Begleitung ist es wichtig, dass die Bildungsakteure in der Lage sind, konstruktiv Feedback zu geben und auch anzunehmen. Eine Einführung in Feedbackmethoden kann im Rahmen eines Fortbildungsworkshops erfolgen, bei dem die Akteure die Feedbackregeln erarbeiten, die später in den Feedbackgesprächen zur Anwendung kommen sollen. Es bietet sich an, gemeinsam mit den Teilnehmern des Workshops die Regeln zu besprechen, die (für jeden subjektiv) wichtigsten Regeln zusammenzutragen und bei Bedarf durch weitere zu ergänzen. Hierbei erfolgt ein Austausch, in dem Fragen geklärt und Befürchtungen ausgesprochen werden können.

Spezifische Regeln können ausgehend von allgemeinen Merkmalen der kollegialen Begleitung formuliert werden (siehe Kapitel 4 und 6):

- Eine *Begleitung auf Augenhöhe* setzt eine wertschätzende und vertrauensvolle Arbeitsweise voraus. Kritische Rückmeldungen sollen unterstützen und nicht abschrecken.
- Die gegenseitige Begleitung beruht auf *Freiwilligkeit*. Der Wunsch, die eigene Bildungspraxis zu hinterfragen und zu optimieren, kann nicht verordnet werden.
- Nach dem Merkmal der *Konstruktivität* sind Schwierigkeiten nicht als Fehler, sondern als Chancen für eine Weiterentwicklung zu betrachten. Gesprächs- und Verhaltensregeln helfen dabei, dass Rückmeldungen wohlwollend und konstruktiv erfolgen.

Die erarbeiteten Regeln werden anschließend jeweils zu zweit beispielhaft auf eine typische Situation aus der Praxis der Bildungsakteure angewendet, wobei auch der Protokollbogen eingesetzt werden kann. Eine dritte Person kann darauf achten, inwieweit die erarbeiteten Feedbackregeln eingehalten wurden. Das Feedback wird anschließend gemeinsam reflektiert. Auf diese Weise können nicht nur das Geben und Nehmen von Feedback, sondern auch der Umgang mit einem Protokollbogen geübt werden.

Phasen einer kollegialen Begleitung

Wie die Einhaltung bestimmter Gesprächsregeln trägt auch ein geregelter Ablauf zum Gelingen und zur Effektivität von Feedbackgesprächen bei. Eine ritualisierte Form gibt nicht nur Sicherheit, sondern sorgt auch dafür, dass das Gespräch ergebnisorientiert geführt wird. Der im Folgenden beschriebene Ablauf hat sich in der Praxis bewährt und ist auf den verwendeten Protokollbogen (siehe Anhang) abgestimmt. Gleichwohl kann er verändert und an die eigenen Bedürfnisse angepasst werden. Der Ablauf einer kollegialen Begleitung lässt sich grob in die drei Phasen *Vorbereitung*, *Durchführung der Begleitung* und *Nachbereitung* untergliedern.

1. Vorbereitung

Beobachter und Begleiter verabreden – verbindlich und rechtzeitig – einen Termin für die Begleitung einer Veranstaltung. Die zu begleitende Person kann vorab einen Beobachtungsschwerpunkt festlegen, auf den ein besonderes Augenmerk gelegt werden soll. Es ist sinnvoll, sich bereits zu diesem Zeitpunkt über einen geeigneten Ort für das sich daran anschließende Feedbackgespräch Gedanken zu machen.

Der Beobachter kann für die Begleitung einen Protokollbogen verwenden. In der Praxis können sich auch vermeintlich nebensächliche Dinge als Stolpersteine erweisen: Um unterwegs Notizen machen zu können, wird eine Unterlage benötigt, beispielsweise ein Klemmbrett. Auch auf geeignetes Schreibwerkzeug ist zu achten. Im Winter sollten Bleistifte verwendet werden, da Kugelschreiber einfrieren können. Die begleitende Person sollte keine „Dienstkleidung" tragen, damit auch optisch klar wird, wer die Veranstaltung durchführt. Der begleitende Kollege mischt sich nicht in die Veranstaltung ein, damit er diese möglichst wenig beeinflusst und fokussiert sich ausschließlich auf die Beobachtung.

Beide Akteure finden sich rechtzeitig vor Veranstaltungsbeginn am Treffpunkt ein, damit Zeit für letzte Absprachen ist, bevor die ersten Teilnehmer eintreffen. Die Beobachtung findet nicht-teilnehmend statt (siehe Kapitel 3), das heißt, dass die Begleitperson sich den Gästen zu Beginn kurz vorstellt, zum Beispiel als Person, die „etwas über Führungen im Nationalpark lernen möchte". In der Regel reicht diese Information den Teilnehmern und es werden weitere Nachfragen sowie eine übermäßige Beeinflussung der Veranstaltung durch die Begleitung vermieden. Im Anhang befindet sich eine Checkliste, die der Begleiter zur Vorbereitung einer Hospitation nutzen kann. Diese bietet eine Übersicht über die wichtigsten Verhaltensregeln während der Begleitung sowie eine Materialliste.

2. Durchführung der Begleitung

Der Begleiter (und spätere Feedbackgeber) sollte die Veranstaltung vor allem, aber nicht nur hinsichtlich der verabredeten Beobachtungsschwerpunkte betrachten. Beobachtungen sollten sofort schriftlich festgehalten werden. Diese Notizen stützen das anschließende Feedback.

Der Begleiter und spätere Feedbackgeber hält sich generell inhaltlich zurück, damit der begleitete Bildungsakteur seine Veranstaltung wie gewohnt durchführen kann.

3. Nachbereitung (Feedbackgespräch)

Das Feedbackgespräch findet nach der begleiteten Veranstaltung an einem ungestörten Ort statt. Bei späten Abendveranstaltungen, wie z. B. bei Nachtwanderungen, ist der nächste Tag für das Feedback zu empfehlen.

Abstand gewinnen: Das Gespräch beginnt nicht direkt im Anschluss an die Begleitung. Begleiter und Begleiteter sollen zunächst zu den erlebten Situationen ein wenig auf Distanz gehen können. Einige Minuten, in denen nicht über die Führung gesprochen wird, reichen dafür aus.

Einen geeigneten Ort aufsuchen: Es bieten sich ein Besprechungsraum, ein Café oder – bei gutem Wetter – auch ein Platz unter freiem Himmel an. Wichtig ist, dass dort kein reger Publikumsverkehr herrscht, so dass Kollegen oder Teilnehmer das Gespräch nicht stören und Vertraulichkeit gewährleistet ist.

Sinn des Gesprächs benennen: Insbesondere bei Personen, die mit dem Ablauf von Feedbackgesprächen noch nicht vertraut sind, kann es sinnvoll sein, zu Beginn des Gesprächs den Sinn und die Ziele eines konstruktiven Feedbacks sowie die Gesprächsregeln noch einmal zu benennen.

Inhaltliche Eröffnung des Gesprächs durch den Begleiteten: Um im Gespräch „anzukommen" und um Sicherheit zu gewinnen, eröffnet der Begleitete das Gespräch inhaltlich. Damit wird ihm die Möglichkeit gewährt, eine erste Einschätzung vorzunehmen. Er kann somit aus seiner Sicht tragfähige, aber auch fragwürdige Aspekte selbst ansprechen und kommt nicht in die Verlegenheit, auf Dinge angesprochen zu werden, die er lieber selbst ins Gespräch gebracht hätte. Der Begleitete kann sich in dieser Phase auch zum Beobachtungsschwerpunkt bzw. der Beobachtungsfrage äußern. Es soll noch keine Diskussion erfolgen, der Begleiter soll nur etwaige Verständnisfragen stellen. Mit einer Frage (z. B. *„Wie war es heute für dich?"*, *„Wie hast du die Veranstaltung erlebt?"*) kann der Begleiter diese Phase einleiten.

Feedback des Begleiters: Der Feedbackgeber stellt dem Feedbacknehmer seine Beobachtungen zu der begleiteten Führung zur Verfügung. Hierbei werden zunächst allgemein vom Begleiter als tragfähig wahrgenommene Aspekte benannt. Der Feedbacknehmer soll für die Aspekte, die dem Feedbackgeber besonders positiv ins Auge gesprungen sind, Wertschätzung erfahren. Das Feedback beginnt möglichst mit der Nennung von positiven Aspekten, da dies für eine gute Gesprächsatmosphäre sorgt, in der der Feedbacknehmer sich wohlfühlt.

Dann gibt der Begleiter differenzierte Rückmeldungen zum gewählten Beobachtungsschwerpunkt. Auch hier gilt, dass noch keine Diskussion begonnen werden soll, damit der Feedbackgeber in der mündlichen Darstellung seiner Wahrnehmung der Veranstaltung nicht unterbrochen wird. Die klare Einhaltung der Gesprächsphasen stellt eine effiziente Nutzung der für das Gespräch zur Verfügung stehenden Zeit sicher. Nachdem beide Gesprächspartner ihre jeweiligen Perspektiven zur Beobachtungsfrage (oder eines anderen Schwerpunkts, der sich im Feedback ergeben hat) dargelegt haben, kann ein vertiefendes Gespräch hierüber erfolgen.

Abschluss des Gesprächs: Wenn der Feedbacknehmer es wünscht, kann der Feedbackgeber ihm einen Tipp geben, was er aus seiner Sicht tun könnte, um hinsichtlich der Beobachtungsfrage (oder eines anderen Aspekts, der im Mittelpunkt des Gesprächs stand) Änderungen zu erzielen.

Der Abschluss des Gesprächs kann aus einer weiteren Verabredung zur kollegialen Begleitung bestehen. Auch können Veränderungsanliegen in einfachen Stichpunkten, z. B. wie der begleitete Bildungsakteur Veränderungen in seinen Veranstaltungen angehen will oder wie das Tandem das Feedback erlebt hat, für das nächste Mal Orientierung bieten.

Nach dem Gespräch: Der Begleiter überlässt dem Begleiteten den Protokollbogen mit seinen Notizen. Im Anschluss an das Gespräch hat der Begleitete die Möglichkeit, den Ertrag des Gesprächs zu reflektieren. Er kann den Protollbogen (siehe Anhang) nutzen, um seine Gedanken zu verschriftlichen und sich gegebenenfalls etwas vornehmen, das er zukünftig anders machen, vertiefen, verfeinern oder auch beibehalten möchte. Hierbei sollte möglichst konkret formuliert werden. Es hat sich sehr hilfreich erwiesen, mit angehängten *„indem"-Formulierungen* zu arbeiten, wie z. B.: „Ich möchte den körperlichen Bedürfnissen der Teilnehmer bei der nächsten Führung mehr Beachtung schenken, *indem* ich mein Gehtempo nicht auf die Schnellsten abstimme, sondern auf die Langsamsten." Das Aufschreiben dient nicht nur als Gedankenstütze, sondern hat auch die symbolische Funktion, den Ertrag des Gesprächs „festzuhalten".

Die besondere Rolle des Begleiters im Feedbackgespräch

Generell ist ein Sich-Einlassen auf die andere Person die Quintessenz einer gelungenen Begleitung. Die begleitete Person soll zur Geltung kommen und dazu angeregt werden, über sich und ihre Arbeit nachzudenken.

Die eigene Arbeit und das eigene Handeln sind Bereiche, die oft mit dem Selbstverständnis und Selbstbild einer Person verknüpft sind, weshalb auch konstruktive Kritik eines gewissen Fingerspitzengefühls des Feedbackgebers bedarf.

Machtgefälle

Dadurch, dass die Tätigkeit des Begleiteten im Fokus steht, steht dieser in gewisser Weise auch als Person zur Disposition. Dadurch ist tendenziell ein Machtgefälle zwischen beiden Personen angelegt. Der Begleiter ist mit dafür verantwortlich, dass sich diese Disposition nicht in einer tatsächlichen Machtasymmetrie niederschlägt. Der Einfluss der durch die Rahmenbedingungen vorstrukturierten sozialen Rollen von Begleiter und Begleitetem auf die spezifische Logik und Dynamik des Feedbackgesprächs ist nicht zu unterschätzen.

Wahrnehmung ist Wertschätzung

Dass die Bildungsakteure sich allein dadurch wertgeschätzt fühlen können, dass sie von einer anderen Person begleitet werden und dass dabei viele Facetten ihrer Arbeit wahrgenommen werden, ist bereits in Kapitel 3 beschrieben worden. Schon die anerkennende Hinwendung und Aufmerksamkeit wirkt positiv und zeigt, dass es nicht unbedingt zahlreiche Ratschläge sind, die zu einem ertragreichen Feedbackgespräch beitragen. Die Spiegelung der vielen Aktivitäten kann für den Feedbacknehmer hinsichtlich seiner Tätigkeit sehr motivierend sein.

Mit positiven Beobachtungen beginnen und enden

Die so genannte „Sandwich-Technik" hat sich als sehr tragfähig erwiesen, um dem Begleiteten Sicherheit zu geben und dennoch konstruktiv auch über fragwürdige Aspekte zu sprechen. Dabei gibt der Begleiter dem Begleiteten zu Beginn des Gesprächs eine Rückmeldung über wahrgenommene Aspekte (im Folgenden finden sich beispielhafte Auszüge aus transkribierten Gesprächen aus dem Modellprojekt):

„Mir ist gleich zu Beginn aufgefallen, dass du jeden einzelnen deiner Gäste sehr freundlich persönlich begrüßt und nach dem Namen gefragt hast. Ich hatte den Eindruck, dass dadurch sofort eine gute Stimmung herrschte. Die Gäste scheinen dir wichtig zu sein. Ich denke, dass die das merken und zu schätzen wissen. Besonders beeindruckt hat mich, wie du die Unterschiede zwischen Tanne und Fichte verdeutlicht hast. Da hast du fast alle Sinne einbezogen und die Gäste haben die Unterschiede selber entdecken können. Auch die Kinder waren total bei der Sache. Das sehe ich als eine deiner absoluten Stärken, wie du auf die unterschiedlichen Teilnehmer eingehst."

Bildungsakteure verfügen über zahlreiche Kompetenzen in vielen unterschiedlichen Bereichen. Oftmals nehmen sie die Fähigkeiten, die sie in diesen Bereichen haben, selbst nicht mehr wahr, da ihnen entsprechendes Verhalten zur selbstverständlichen Routine geworden ist.

Hilfreiche Fragen und Nachfragen

Die in Kapitel 6 genannten „hilfreichen Fragen" können genutzt werden, um den Redeanteil des Begleiteten zu erhöhen, falls kein echter Dialog entsteht. Besonderes Augenmerk kann beispielsweise auf bestimmte Begriffe und Formulierungen gelegt werden, die der Begleitete in seinen Ausführungen verwendet. Dahinter stecken oft differenzierte subjektive Konzepte, über die es sich zu sprechen lohnt. Durch das gezielte Spiegeln von Aussagen und durch Nachfragen kann der Begleitete zum Nachdenken angeregt werden:

„Du hast vorhin gesagt, dass ein Waldführer eine gewisse ‚Präsenz' haben muss. Kannst du mir noch einmal erläutern, was du damit meinst?"

„Du sagst, du willst die Leute nicht ‚zutexten'. Wie meinst du das?"

Beraten, ohne gutgemeinte Ratschläge zu geben

Wie in Kapitel 6 erläutert, führen Urteile über den Anderen, ebenso wie eine Vielzahl von Tipps und gutgemeinten Ratschlägen, zu einer asymmetrischen Beziehung der Kommunikationspartner.

Das heißt nicht, dass es nicht möglich oder wünschenswert wäre, einander Tipps zu geben; es sollte aber stets auf Augenhöhe geschehen. Der Feedbackgeber sollte das Gespräch nicht durch eine Vielzahl von Tipps dominieren. Manchmal geht es auch darum, *wann* etwas gesagt wird (Timing). Tipps sollten meist erst am Ende des Gesprächs gegeben werden. Weitere Beispiele aus dem Modellprojekt:

Im Feedbackgespräch nach einer der ersten Begleitungen, die im Projekt stattfanden, gab der Begleiter, der sich über seine differenzierten Beobachtungen und ergiebigen Notizen freute, dem Bildungsakteur zahlreiche Tipps. Der Begleitete nahm diese offensichtlich bereitwillig an, lieferte aber immer weniger eigene Wortbeiträge und nahm im Gespräch eine passive Haltung ein. Diese war auch an der Körpersprache des Begleiteten ablesbar. Die beschriebene Gesprächssituation wurde von dem Begleiter als sehr unangenehm empfunden.

Ein Bildungsakteur wurde von den Teilnehmern akustisch nicht gut verstanden. Der Begleiter gab ihm am Ende des Nachgesprächs den Tipp, auf Nachzügler zu warten und die Gruppe im Halbkreis zu formieren, bevor er zu ihr spricht.

Integrität und Vertraulichkeit

Oberstes Gebot für den Begleiter ist es, Dritten gegenüber keine Informationen aus den Begleitungen und dem nachfolgenden Gespräch preiszugeben. Nur so wird gewährleistet, dass die Begleiteten sich in Gesprächen öffnen und auch über sensible Themen angstfrei sprechen können.

Über den Einsatz des Protokollbogens

Während der von zwei wissenschaftlichen Mitarbeitern durchgeführten externen Begleitungen im Rahmen des Modellprojekts fand ein umfangreicher Protokollbogen Verwendung, der alle Aspekte und Unteraspekte (Indikatoren) des rekonstruierten Leitbilds (siehe Kapitel 3) enthielt. Der Einsatz dieses Protokollbogens war sowohl für ein differenziertes Feedback im Nachgespräch als auch für die Erhebung und Auswertung empirischer Daten über den Ist-Zustand der Bildungsarbeit im Nationalpark sehr dienlich; er erforderte eine Einarbeitung, um im intendierten Sinn angewendet zu werden.

In den Feedbackgesprächen musste darauf geachtet werden, dass nicht zu jeder Leitbildkategorie eine Rückmeldung erfolgen konnte, selbst wenn zu allen Kategorien umfangreiche Beobachtungen und entsprechende Notizen gemacht worden waren. Eine zu umfangreiche Rückmeldung birgt nämlich die Gefahr, dass der Begleitete mit Informationen überschüttet wird und dass keine fruchtbare Diskussion entsteht. Bereits während der externen Begleitungen wurde deutlich, dass der Protokollbogen für die Verwendung als Instrument für die kollegiale Hospitation einer Überarbeitung und Vereinfachung bedurfte. Im Anhang sind daher zwei Versionen des Protokollbogens zu finden:

- eine ausführliche Version, die im Modellprojekt während der externen Begleitungen zum Einsatz kam;
- eine kürzere, für den Einsatz im Rahmen der kollegialen Begleitung entwickelte Version, auf die sich die Ausführungen dieses Kapitels hauptsächlich beziehen.

Die Kernidee des für die kollegiale Begleitung angepassten Protokollbogens ist, dass die begleitete Person sich vorab eine Beobachtungsfrage überlegt, die den Schwerpunkt des Nachgesprächs bilden kann (nicht muss). Auf diese Weise bleibt der Leitbildbezug erhalten, aber die Fokussierung auf lediglich einen einzigen zentralen inhaltlichen Aspekt soll vermeiden, dass die Bildungsakteure sich genötigt fühlen, alle Aspekte des Leitbilds „abzuarbeiten".

In die kürzere Version des Protokollbogens sind Erfahrungen aus der Praxis der Lehrerausbildung eingeflossen (siehe Kapitel 4), in der die kollegiale Begleitung eine zentrale Rolle spielt. Die dritte (und letzte) Seite des verkürzten Protokollbogens ist dazu gedacht, den Begleiteten nach dem Feedbackgespräch zu einer Reflexion über den Ertrag des Gesprächs anzuregen. Sie bietet ihm die Möglichkeit, seine Einsichten und gegebenenfalls vorhandenen Entwicklungsvorhaben schriftlich festzuhalten.

Beide Versionen des Protokollbogens sind auf die Gegebenheiten im Rahmen des Modellprojekts im Nationalpark Bayerischer Wald zugeschnitten. Sie können anderen Einrichtungen aber als Vorlage dienen, um einen eigenen Protokollbogen zu erstellen, der an das Leitbild und die spezifischen Bedingungen vor Ort angepasst ist.

Kultur des Vertrauens 8

Mit unseren Ausführungen über die Idee, die Grundlagen und die Praxis der kollegialen Begleitung als ein Instrument der internen Qualitätsentwicklung und Evaluation der Bildungsarbeit hoffen wir den Leserinnen und Lesern dieses Buches verdeutlicht zu haben, dass es insbesondere das Prinzip der Freiwilligkeit ist, das für diesen kollegialen Ansatz charakteristisch und von zentraler Bedeutung ist. Das Prinzip der Freiwilligkeit setzt einen institutionellen Rahmen voraus, der es ermöglicht, dass die Bildungsakteure die Freiheit haben, erstens sich grundsätzlich für oder gegen diese Form der Begleitung und Reflexion ihrer Bildungspraxis entscheiden zu können und zweitens, dass die Bildungsakteure den Stil der kollegialen Begleitung mitgestalten können. Mehr aber noch als der institutionelle Rahmen ist es die intrinsische Bereitschaft und die kollegiale Atmosphäre, die eine kollegiale Begleitung in einer Bildungsinstitution am Leben hält und zu einem lebendigen und innovativen Element des pädagogischen Berufsalltags werden lässt. Jedoch lassen sich Kollegialität und erst recht eine intrinsische Motivation, eine Handlungsbereitschaft, die von sich aus da ist, nicht verordnen. Man kann sie aber fördern und Anreize schaffen, dass die Mitarbeiterinnen und Mitarbeiter von Bildungsinstitutionen bereit sind, neue Wege auszuprobieren und mit der kollegialen Begleitung Erfahrungen zu machen, die u.a. dazu führen, dass die wechselseitige Reflexion zu einem festen Bestandteil der Bildungsarbeit wird.

Der Nährboden einer freiwilligen und eigenverantwortlichen Qualitätsentwicklung und Selbstevaluation ist eine Kultur des Vertrauens, die es zu etablieren und zu pflegen gilt. Dies ist die Stelle, an der die Leitung von National- und Naturparks Verantwortung übernehmen muss und gefordert ist, die Atmosphäre von Kollegialität, Vertraulichkeit und Eigenverantwortlichkeit dadurch zu beeinflussen, dass sie sich mit ihrem verständlichen Interesse, Einfluss auf die Qualitätsentwicklung der Bildungsarbeit nehmen zu wollen, zurücknimmt. Die hier gefragte Form der „Einflussnahme" ist eine non-direktive und nicht bevormundende und besteht vor allem darin, geeignete Rahmenbedingungen für die Selbstreflexion der Bildungsakteure bereitzustellen. Die Aufgabe der Leitungsebene bei der Einführung von kollegialen Begleitungen besteht daher im Wesentlichen darin, dass sie Freiräume schafft (z. B. zeitliche Flexibilität für Begleitungen und Feedbackgespräche) und dass sie für die kollegiale Begleitung bei den Mitarbeiterinnen und Mitarbeitern wirbt. Dazu ist es wichtig, ein entsprechendes Vertrauen zu signalisieren und auch Aus- und Fortbildungsangebote zur Einführung und Unterstützung kollegialer Begleitungen zu etablieren. Solche Angebote sind von zentraler Bedeutung, da die Bildungsakteure hier die Prinzipien und Methoden der teilnehmenden Beobachtung, kollegialer Beratungsgespräche und eines konstruktiven Feedbacks kennenlernen und üben können. Sie können sich mit den Erfahrungen anderer Einrichtungen, die kollegiale Begleitungen bereits durchführen, auseinandersetzen und – dies ist für die Etablierung der kollegialen Begleitung von zentraler Bedeutung – sie haben die Möglichkeit, sich über ihre eigenen Erfahrungen auszutauschen. Ein Austausch über positive Erlebnisse und die eigene Entwicklung ist für den Aufbau von Kollegialität und Vertrauen ebenso wichtig wie der Austausch über kritische Momente oder über Frustration und Skepsis. Vertraulichkeit und Vertrauen entstehen nicht nur dadurch, dass dort, wo es geboten ist, geschwiegen wird, sondern insbesondere auch dadurch, dass man lernt, sich offen und ohne Sorge vor Sanktionen oder Scham zu begegnen. Gerade die Wechselseitigkeit der Reflexion und des Feedbacks ermöglicht ja die Einsicht, dass alle Bildungsakteure – unabhängig von ihren Berufserfahrungen und ihrer Qualifikation – Stärken und Schwächen haben, die es zu spiegeln lohnt, um sich ihrer bewusst zu werden und damit die eigene pädagogische Praxis produktiv weiterzuentwickeln und den eigenen Stil auszuschärfen. Der Ansatz der kollegialen Begleitung ist ein durchweg konstruktiver Ansatz, der Menschen stark macht und ihre persönliche Entwicklung, also letztlich Bildungsprozesse zum Ziel hat.

Aus- und Fortbildungsangebote können aus den eigenen Reihen angeboten werden, wenn eine Bildungsinstitution über Erfahrungen mit der kollegialen Begleitung verfügt und beispielsweise erfahrene Kolleginnen und Kollegen in die Prinzipien und Methoden der kollegialen Begleitung einführen, indem sie ihre Erfahrungen weitergeben. Darüber hinaus sind sowohl beim Start eines solchen Projektes als auch nach erfolgreicher Etablierung Beratungsangebote und Schulungen durch externe Personen, die nicht in die institutionellen Abläufe oder auch Zwänge verwickelt sind, wichtig: Sie können von außen, auf einer Metaebene ein Nachdenken über die Reflexionspraxis von einer relativ unabhängigen Position aus anregen. Auf diese Weise können externe Personen die Etablierung kollegialer Begleitungen fördern. Sie sind unabhängig von persönlichen Beziehungen, gewachsenen Strukturen und den Zielen und Interessen, die eine Bildungsinstitution verfolgt. Externe Berater sind auch gut dafür geeignet, um bei Konflikten und Krisen oder auch bei Unsicherheiten Unterstützung zu geben.

Freiwilligkeit und Vertrauen sind Eigenschaften einer Atmosphäre, in der wechselseitige Reflexionen fruchtbar werden und zu einer Qualitätsentwicklung beitragen können. Ihre konkrete Gestalt findet eine Kultur des Vertrauens in den Möglichkeiten des gemeinsamen Austausches und in einem offenen und wertschätzenden Kommunikationsstil, der sich gewiss nicht immer von selbst einstellt, sondern einer Kultivierung durch Aus- und Fortbildungsangebote und eines regelmäßigen Austausches unter den Bildungsakteuren bedarf. Voraussetzung dafür ist ein klares Bekenntnis der Leitung und der teilnehmenden Mitarbeiterinnen und Mitarbeiter von National- und Naturparks zur eigenverantwortlichen kollegialen Begleitung. Hinter dem Ansatz der kollegialen Begleitung steht die Überzeugung, dass die Bildungsakteure selbst über ausreichende Ressourcen verfügen, sich in ihrer eigenen Entwicklung zu stärken und zu fördern. So kann es zu einer Qualitätsentwicklung von innen heraus kommen – einfach deshalb, weil alle Beteiligten es wollen.

Literatur

Balzer, L., Frey, A., & Nenniger, P. (1999). Was ist und wie funktioniert Evaluation? *Empirische Pädagogik. Zeitschrift zu Theorie und Praxis erziehungswissenschaftlicher Forschung, 13* (4), 393-413.

Bastian, J., Combe, A. & Langer, R. (2007). *Feedback-Methoden – Erprobte Konzepte, evaluierte Erfahrungen.* Weinheim: Beltz.

Baumert, J. & Kunter, M. (2006). Stichwort: Professionelle Kompetenz von Lehrkräften. *Zeitschrift für Erziehungswissenschaft 9*(4), 469-520.

Benner, D., Göstemeyer K.-F. & Sladek, H. (Hrsg.) (1999). *Bildung und Kritik.* Weinheim: Deutscher Studienverlag.

Bethlehem, K., Erdelyi, P., Opitz, S. & Süberkrüb, C. (2001). *Qualitätsentwicklung durch kollegiale Visitationen. Ein Projekt des LWL-Landesjugendamtes und der Stadt Herten* (Materialien zur Qualitätssicherung in der Kinder- und Jugendhilfe 33). Düsseldorf: Bundesministerium für Familie, Senioren, Frauen und Jugend.

Blumenberg, H. (1981). Die *Lesbarkeit der Welt.* Frankfurt a. M.: Suhrkamp.

Bortz, J. & Döring, N. (2006). *Forschungsmethoden und Evaluation für Human- und Sozialwissenschaftler.* Heidelberg: Springer Verlag.

Bromme, R. (2004). Das implizite Wissen des Experten. In B. Koch-Priewe, F.-U. Kolbe & J. Wildt (Hrsg.), *Grundlagenforschung und mikrodidaktische Reformansätze zur Lehrerbildung* (S. 22-48). Bad Heilbrunn: Klinkhardt.

Buhren, C.G. (2012). *Kollegiale Hospitation. Verfahren, Methoden und Beispiele aus der Praxis.* Köln: Carl Link.

Combe, A. & Gebhard, U. (2012). *Verstehen im Unterricht. Die Rolle von Phantasie und Erfahrung.* Wiesbaden: Springer VS.

Combe, A. & Kolbe, F.U. (2004). Lehrerprofessionalität: Wissen, Können, Handeln. In W. Helsper & J. Böhme (Hrsg.), *Handbuch der Schulforschung* (S. 833-853). Opladen: Leske+Budrich.

Copeland, W.D., Birmingham, C., de la Cruz, E. & Lewin, B. (1993). The Reflective Practitioner in Teaching: Toward a Research Agenda. *Teaching & Teacher Education 9* (4), 347-359.

Dana, N.F. (1998). Social Studies Teaching and Learning. A Descriptive Analysis of Concept Mapping. In S.R. Steinberg & J.L. Kincheloe (Eds.), *Students as Researches. Creating Classrooms that Matters* (pp. 167-187). London: Routledge.

de Boer, H. (2011). Wie Kooperation gelingen kann. In H. de Boer & S. Peters (Hrsg.), *Grundschule entwickeln – Gestaltungsspielräume nutzen* (S. 68 – 78). Frankfurt/M: Grundschulverband.

de Haan, G. (2008). Gestaltungskompetenz als Kompetenzkonzept für Bildung für nachhaltige Entwicklung. In I. Bohrmann & G. de Haan (Hrsg.), *Kompetenzen der Bildung für nachhaltige Entwicklung. Operationalisierung, Messung, Rahmenbedingungen, Befunde* (S. 23-43). Wiesbaden: VS.

DeGEval – Gesellschaft für Evaluation e. V. (2008). (Hg.): *Standards für Evaluation* (4. Auflage). Verfügbar unter: http://www.degeval.de/images/stories/Publikationen/DeGEval_-_Standards.pdf (Januar, 2016.)

Deutsche Gesellschaft für Qualität e. V. (2015). *Qualitätsmanagement für Hochschulen: Das Praxisbuch.* München: Hanser.

Dick, A. (1994). *Vom unterrichtlichen Wissen zur Praxisreflexion.* Bad Heilbronn: Klinkhardt.

Dittmer, A. (2010). *Nachdenken über Biologie. Über den Bildungswert der Wissenschaftsphilosophie in der akademischen Biologielehrerbildung.* Wiesbaden: VS.

Ditton, H. (2010). Evaluation und Qualitätssicherung. In R. Tippelt & B. Schmidt (Hrsg.) *Handbuch Bildungsforschung.* (S. 607-623) Wiesbaden: VS.

Eberhardt, S., Jahnke-Klein, S., Kiper, H., Krause, B. & Petri, J. (2011). *Entwicklung von Diagnosekompetenz durch kollegiale Hospitation im Unterricht.* Oldenburg: Universität Oldenburg.

Ericsson, K.A., Krampe, R.T. & Tesch-Römer, C. (1993). The Role of Deliberate Practice in the Acquisition of Expert Performance. *Psychological Review, 100*(3), 363-406.

Fengler, J. (2009). *Feedback geben – Strategien und Übungen. Jetzt mit über 100 Übungen.* Weinheim: Beltz.

Frisch, M. (1965). *Tagebuch 1946 – 1949.* München und Zürich: Knaur.

Gebhard, U. (2014). Wie viel „Natur" braucht der Mensch? „Natur" als Erfahrungsraum und Sinninstanz . In G. Hartung, & T. Kirchhoff (Hrsg.), *Welche Natur brauchen wir? Analyse einer anthropologischen Grundproblematik des 21. Jahrhunderts* (S. 249-274). Freiburg: Alber.

Gebhard, U. (Hrg.) (2015). *Sinn im Dialog. Zur Möglichkeit sinnkonstituierender Lernprozesse im Fachunterricht.* Wiesbaden: Springer VS.

Giesel, K. D. (2007). *Leitbilder in den Sozialwissenschaften. Begriffe, Theorien und Forschungskonzepte.* Wiesbaden: VS Verlag.

Gonon, P. (2015). Qualität im Bildungsbereich-zum Umgang der Berufsbildung mit Qualitätsvorbehalten. In S. Hupka-Brunner, H-U. Grunder, M.M. Bergmann & C. Imdorf (Hrsg.): *Qualität in der Bildung. Kritische Beiträge zum Qualitätsdiskurs im Bildungsbereich.* (S. 101-116) Bad Heilbrunn: Klinkhardt.

Gräsel, C. & Parchmann, I. (2004). Implementationsforschung: Der steinige Weg, Unterricht zu verändern. *Unterrichtswissenschaft 33*, 196-213.

Habermas, J. (1981) *Theorie des kommunikativen Handelns.* Frankfurt a.M.: Suhrkamp.

Heiner, M. (1988). Von der forschungsorientierten zur praxisorientierten Selbstevaluation. Entwurf eines Konzeptes. In: M. Heiner (Hrsg.): *Selbstevaluation in der sozialen Arbeit.* Freiburg im Breisgau: Lambertus.

Helmke, A. & Weinert, F.E. (1997). Bedingungsfaktoren schulischer Leistungen. In F.E. Weinert (Hrsg.), *Enzyklopädie der Psychologie. Serie Pädagogische Psychologie, Bd. 3: Psychologie des Unterrichts und der Schule* (S. 71-176). Göttingen: Hogrefe.

Hertramph, H. & Herrmann, U. (1999). „Lehrer" – Eine Selbstdefinition. Ein Ansatz zur Analyse von Lehrerpersönlichkeit und Kompetenzgenese durch das sozial-kognitive

Modell der Selbstwirksamkeitsüberzeugung. In U. Carle & S. Buchen (Hrsg.), *Jahrbuch für Lehrerforschung* (S. 49-71). Weinheim: Juventa.

Hof, C. (2009). *Lebenslanges Lernen. Eine Einführung.* Stuttgart: Kohlhammer.

HRK (2010). 10 Jahre Herbsttagung zur Qualität in den Hochschulen: Rückschau und neue Entwicklungen. Beiträge zur „Herbsttagung" des Projekts Qualitätsmanagement der Hochschulrektorenkonferenz am 9./10.11.2009 in Bonn. Beiträge zur Hochschulpolitik 7/2010. Bonn.

Hupka-Brunner, S., Imdorf, C. Grunder, H.-U. Grunder & Bergman, M.M (2015). Zur Einführung. Der Qualitätsdiskurs im Bildungsbereich – eine kritische Bestandsaufnahme. In S. Hupka-Brunner, H-U. Grunder, M.M. Bergmann & C. Imdorf (Hrsg.): *Qualität in der Bildung. Kritische Beiträge zum Qualitätsdiskurs im Bildungsbereich.* Bad Heilbrunn: Klinkhardt.

Klafki, W. (1963). *Studien zur Bildungstheorie und Didaktik.* Weinheim: Beltz.

Klafki, W. (1986). Die Bedeutung der klassischen Bildungstheorie für ein zeitgemäßes Konzept allgemeiner Bildung. *Zeitschrift für Pädagogik 32/4,* 455-476.

Klafki, W. (1994). *Neue Studien zur Bildungstheorie und Didaktik. Zeitgemäße Allgemeinbildung und kritisch-konstruktive Didaktik.* Weinheim, Basel: Beltz.

Kneffel, M. & Reinbold, B. (1996). *Qualitätsentwicklung und Qualitätssicherung in der Jugendverbandsarbeit. Bedarf und Anforderungen an Konzepte des Controlling und der Selbstevaluation* (Materialien zur Qualitätssicherung in der Kinder- und Jugendhilfe 3). Düsseldorf: Bundesministerium für Familie, Senioren, Frauen und Jugend.

Kokemohr, R. (2007). Bildung als Welt- und Selbstentwurf im Fremden. Annäherungen an eine Bildungsprozesstheorie. In H.-C. Koller, W. Marotzki & O. Sanders (Hrsg.), *Bildungsprozesse und Fremdheitserfahrung. Beiträge zu einer Theorie transformatorischer Bildungsprozesse* (S. 13-68). Bielefeld: Transcript.

Koller, H.-C. (1999). *Bildung und Widerstreit. Zur Struktur biographischer Bildungsprozesse in der (Post-) Moderne.* München: Wilhelm Fink.

Koller, H.-C. (2005). Bildung und Biographie. Zur Bedeutung der bildungstheoretisch fundierten Biographieforschung für die Bildungsgangforschung. In B. Schenk (Hrsg.), *Bausteine einer Bildungsgangtheorie* (S. 47-66). Wiesbaden: VS.

Koller, H.-C. (2007). Bildung als Entstehung neuen Wissens? Zur Genese des Neuen in transformatorischen Bildungsprozessen. In H.-R. Müller & W. Stravoradis (Hrsg.), *Bildung im Horizont der Wissensgesellschaft* (S. 49-66). Wiesbaden: VS.

Kuper, H. (2013). Qualität im Bildungssystem. In Gogolin, I., Kuper, H. Krüger & H.-H. Baumert, J. (Hg.) Stichwort: Zeitschrift für Erziehungswissenschaft. (S. 199-221) Wiesbaden: Springer Fachmedien.

Liebald, C. (1998). *Leitfaden für Selbstevaluation und Qualitätssicherung* (Materialien zur Qualitätssicherung in der Kinder- und Jugendhilfe 19). Düsseldorf: Bundesministerium für Familie, Senioren, Frauen und Jugend.

Ludwig, T. (2012). *Basiskurs Natur- und Kulturinterpretation. Trainerhandbuch.* Verfügbar unter http://www.interp.de/dokumente/parcinterp_basiskurs_trainerhandbuch.pdf (Januar, 2016)

Lyotard, J.-F. (1989). *Der Widerstreit.* München: Fink.

Marotzki, W. (1990). *Entwurf einer strukturalen Bildungstheorie. Biographietheoretische Auslegung von Bildungsprozessen in hochkomplexen Gesellschaften.* Weinheim: Deutscher Studien Verlag.

Messner, H. & Reusser, K. (2000). Die berufliche Entwicklung von Lehrpersonen als lebens-langer Prozess. *Beiträge zur Lehrerbildung, 18*(2), 157-171.

Mollenhauer, K. (1983). *Vergessene Zusammenhänge. Über Kultur und Erziehung.* München: Juventa.

Müller-Neuendorf, M. & Obermaier, M. (Hrsg.) (2010). *Handbuch Qualitätsmanagement Schule. Evaluation und praktische Durchführung.* Paderborn u. a.: Schöningh.

Peukert, H. (2003). Die Logik transformativer Bildungsprozesse und die Zukunft von Bildung. In E. Ahrens, J. Mittelstraß, H. Peukert & M. Riess (Hrsg.), *Geistesgegenwärtig. Zur Zukunft universitärer Bildung* (S. 9-30). Luzern: Edition Exodus.

Philipp, E. (1996). *Teamentwicklung in der Schule.* Weinheim: Beltz.

Reddy, M. (1997). *Mitarbeiter beraten. Kollegiale Hilfe zur Selbsthilfe.* Weinheim: Beltz.

Rumpf, H. (2002). Die Verstopfung der Köpfe und das wirkliche Verstehen. In: M. Wagenschein: „... *zäh am Staunen" – Pädagogische Texte zum Bestehen der Wissensgesellschaft.* (S. 8-23). Seelze-Velber: Kallmeyersche Verlagsbuchhandlung.

Sächsische Landesstiftung Natur und Umwelt Akademie (2007). *Qualitätsmanagementsystem Umweltbildung.* Verfügbar unter: http://umweltbildung-sachsen.de/tl_files/netzwerk-um-weltbildung-sachsen/service-umweltbildner/arbeitshilfen/qualitaetsmanagement/quali-taetsmanagementsystem.pdf (Januar, 2016)

Schaedler, K. & Skorsetz, B. (2008): Kollegiale Hospitation. In Pädagogisches Landesinstitut Rheinland-Pfalz Speyer. Verfügbar unter: http://www.kmk-format.de/material/Mathe-matik/mmp/LinkedDocuments/5-3-1-1_Kollegiale_Hospitation_Unterrichtsbesuche. pdf (Januar, 2016)

Schein, E. H. (2000). *Prozessberatung für die Organisation der Zukunft. Der Aufbau einer helfenden Beziehung.* Köln: Humanistische Psychologie.

Schnoor, H., Lange, C. & Mietens, A. (2006). *Qualitätszirkel. Theorie und Praxis der Problemlösung an Schulen.*, Paderborn u. a.: UTB Schöningh.

Schön, D.A. (1983). *The Reflective Practitioner: How Professionals Think in Action.* New York: Basic Books.

Schönfelder, S. & Bögeholz, S. (2009). Bewertungskompetenz in der reflexiven Leitbildarbeit eines Umweltbildungszentrums. Ein Beitrag zur Professionalisierung des pädagogischen Personals. *Zeitschrift für Didaktik der Naturwissenschaften 15*, 263-283.

Schönfelder, S. (2009). *Qualitätsentwicklung einer außerschulischen Biodiversitätsbildung. Ein Beitrag zur formativen Evaluation von Bildungsmaßnahmen.* Göttingen: Universität Göttingen.

Schratz, M. (2003). *Qualität sichern. Schulprogramme entwickeln.* Seelze: Kallmeyersche Verlagsbuchhandlung.

Schwanitz, D. (1999). *Bildung. Alles was man wissen muss.* Frankfurt a.M.: Eichborn.

Schwenk, B. & Pogrell, L. v. (1995). Bildung, formale – materiale. In H.D. Haller & H. Meyer (Hrsg.), *Enzyklopädie Erziehungswissenschaft, Bd. 3: Ziele und Inhalte der Erziehung und des Unterrichts* (S. 394-399). Stuttgart: Klett-Verlag.

Schwenk, B. (1996). Bildung. In D. Lenzen (Hrsg.), *Pädagogische Grundbegriffe, Bd. 2.* (S. 208-221). Reinbek bei Hamburg: Rowohlt.

Shulman, L. (1987). Knowledge and Teaching: Foundations of the New Reform. *Harvard Educational Review, 57*(1), 1-22.

Wottawa, H. & Thierau, H. (2003): *Lehrbuch Evaluation.* Bern: Hans Huber.

Anhang

Checkliste für eine kollegiale Begleitung

Vorbereitung

- Feedbackregeln in Erinnerung bringen und ggf. zum Gespräch mitnehmen.
- Frühzeitig vor der Veranstaltung mit dem Kollegen am Veranstaltungstreffpunkt verabreden und möglichst einen Beobachtungsschwerpunkt (Beobachtungsfrage) absprechen.

Begleitung

- Alle Verabredungen sollten rechtzeitig vor der Veranstaltung getroffen worden sein, bevor die Teilnehmer eintreffen, damit die Veranstaltung ungestört ablaufen kann. Der Begleiter (der später Feedback gibt) trägt an diesem Tag keine „Dienstkleidung" während der Veranstaltung, damit die Rollenverteilung für die Teilnehmer klar ist.
- Materialien für den Beobachter: Protokollbogen (z. B. auf Klemmbrett), Notizzettel, Stift (am besten einen Bleistift), ggf. Fotoapparat oder Handykamera.
- Den Teilnehmern der Veranstaltung von der Begleitung erzählen oder nicht? Die Beobachtung findet nicht-teilnehmend statt. Die Begleitperson stellt sich den Teilnehmern zu Beginn der Veranstaltung kurz vor als jemand, der/die etwas über eine Führung im Nationalpark lernen möchte.
- Der Begleiter und spätere Feedbackgeber hält sich generell inhaltlich zurück, damit der begleitete Bildungsakteur seine Veranstaltung wie gewohnt durchführen kann.

Nachbereitung: das Feedbackgespräch

- Das Feedbackgespräch findet nach der begleiteten Veranstaltung an einem ungestörten Ort statt.
- Den Sinn von Feedback und ggf. die Gesprächsregeln noch einmal benennen.
- Zu Beginn erst einmal „innerlich ankommen" und einen lockeren Eingang ins Gespräch finden, z. B.: *„Wie war für dich die Veranstaltung?" „Wie hast du die Veranstaltung erlebt?"*
- Der Abschluss des Gesprächs kann aus einer weiteren Verabredung zur kollegialen Begleitung bestehen. Auch können Veränderungsanliegen in Stichpunkten festgehalten werden.
- Der Begleiter überlässt dem Begleiteten den Protokollbogen mit seinen Notizen. So hat im Anschluss an das Gespräch der Begleitete die Möglichkeit, den Ertrag des Gesprächs zu reflektieren.

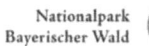

Nationalpark
Bayerischer Wald

Protokollbogen zur *kollegialen Begleitung*

im Rahmen der Selbstevaluation der Bildungsarbeit des Nationalparks Bayerischer Wald

--> Anmerkung: für die Begleitung können 1 oder 2 Schwerpunkte des Protokollbogens gewählt werden, auf die man sich fokussiert (vor der Führung in gemeinsamer Absprache zwischen Waldführer und Begleiter festlegen).

Waldführer	Begleiter	Datum	Führungsname	Ort der Führung
Sonstiges (Wetter, Besonderheiten etc.)				

Schwerpunkt 1 - Ziele des Nationalparks werden vermittelt

Erkennungsmerkmale	Bemerkungen (z.B. welche Beispiele werden gegeben, war dieser Teil Schwerpunkt, war es fachlich korrekt etc...)
Merkmale von Nationalparks werden aufgezeigt (z.B. Großflächigkeit, stark eingeschränkte Nutzung und Management, Kerngebiete, Schutz großfläch. Ökosysteme,...)	
Der Leitspruch „Natur Natur sein lassen" wird genannt und erläutert	
Nationalpark wird gegen Kulturwald abgegrenzt (z.B. Wirtschaftswald, Naturpark,...)	
Funktionen von Nationalparks für Biologische Vielfalt werden erläutert (z.B. besondere Lebensräume, seltene Arten, ...)	
Es wird auf kulturgeschichtliche Aspekte der Region Bayerischer Wald eingegangen	
Sonstiges	

Schwerpunkt 2 – Biologisch-ökologisches Wissen wird vermittelt

Erkennungsmerkmale	Bemerkungen (z.B. welche Beispiele werden gegeben, war dieser Teil Schwerpunkt, war es fachlich korrekt etc...)
Die natürliche Waldentwicklung wird an Beispielen aufgezeigt	
Biologische-ökologische Zusammenhänge werden an Beispielen verdeutlicht (z.B. Räuber-Beute-Beziehung)	
Biologische Funktionen von Totholz werden angesprochen	
Sonstiges	

Schwerpunkt 3 – Ein Nachdenken über Natur, Umweltschutz und Nachhaltigkeit wird angeregt	
Erkennungsmerkmale	**Bemerkungen** (z.B. welche Beispiele werden gegeben, war dieser Teil Schwerpunkt, war es fachlich korrekt etc...)
Vorstellungen der Teilnehmer zum Eigenwert der Natur werden ausgetauscht (z.B. eigener Bezug, über Wildnis etc.)	
Naturästhetische Themen werden angesprochen (Empfindungen gegenüber Natur wie z.B. Schönheit)	
In der Führung werden Inhalte mit aktuellen Themen aus den Bereichen Naturschutz, Umweltpolitik oder nachhaltige Nutzung in Verbindung gebracht (z.B. Technische Neuerungen, Forstwirtschaft, Energiegewinnung etc.)	
Es wird den Teilnehmern Raum gegeben, um sich mit Inhalten oder Erfahrungen (in) der Führung zu beschäftigen (z.B. um eine gedankliche Auseinandersetzung zu unterstützen)	
Sonstiges	

Schwerpunkt 4 – Naturerfahrungen werden ermöglicht und Interesse an Natur wird angeregt	
Erkennungsmerkmale	**Bemerkungen** (z.B. welche Beispiele werden gegeben, war dieser Teil Schwerpunkt, war es fachlich korrekt etc...)
Es gibt Phasen, in denen die Teilnehmer <u>die Umgebung</u> (ohne Anleitung des/der Waldführer/in) auf sich wirken lassen können	
Die Teilnehmer werden dazu angeregt, die Natur mittels verschiedener Sinne wahrzunehmen	
Negative Emotionen (z.B. Ekel, Angst) der Teilnehmer werden – sofern sie auftreten – zugelassen	
Die Teilnehmer werden mit „besonderen Naturbildern" in Kontakt gebracht	
Es gibt Hinweise auf ein Interesse der Teilnehmer gegenüber der Führung, der Umgebung (z.B. Zuhören, Fotos machen, verweilen, Fragen stellen, etwas berühren wollen)	
Sonstiges	

Schwerpunkt 5 – Didaktisch-methodische Aspekte werden berücksichtigt

Erkennungsmerkmale	Bemerkungen (z.B. welche Beispiele werden gegeben, war dieser Teil Schwerpunkt, war es fachlich korrekt etc...)
Es lässt sich eine einleitende Phase in die Führungen erkennen, in der auf die Gäste und auf die Führung eingegangen wird (z.B. Gäste nach Herkunft und Ziele fragen, Dauer nennen, ggf. Besonderheiten etc.)	
Der Waldführer ermuntert Teilnehmer Fragen zu stellen, und geht auf Fragen der Teilnehmer ein	
Auf geäußerte Meinungen und Einstellungen der Teilnehmer geht der WF respektvoll ein und tritt wertschätzend auf	
In der Veranstaltung wird Bezug das (Ober-)Thema der Führung genommen (Phasen, Schwerpunkte, etc.)	
Erläuterungen werden mit Beispielen erklärt (z.B. am Objekt) und das Sprachniveau ist verständlich	
Ist die Führung zielgruppengerecht gestaltet?	
Es lässt sich eine abschließende Phase in der Veranstaltung erkennen (Verabschiedung, Danken, Verweis auf weitere Veranstaltungen/ Wanderwege etc.)	
Sonstiges	

Protokollbogen zur kollegialen Begleitung

Seite 6 / 7

Ergänzende Eindrücke (=Seite für freie Beobachtungen und Notizen)

Protokollbogen

für die kollegiale Begleitung

Begleitender Kollege: _____   Datum: _____

A. Beobachtungsschwerpunkt:

1. Ziele und Aufgaben von Nationalparks vermitteln   O

2. Biologisch-ökologisches Wissen vermitteln   O

3. Nachdenken über Natur anregen   O

4. Bildung für eine nachhaltige Entwicklung   O

5. Naturerfahrungen ermöglichen   O

6. Motivation und Interesse fördern   O

7. Didaktische Prinzipien, Methoden- und Materialeinsatz   O

8. Kooperation mit Schulen und Bezug zu Bildungsplänen   O

(Mehrfachauswahl möglich)

B. Beobachtungsfrage:

_____

_____

_____

_____

C. Beobachtungen u. Notizen der Begleitperson zur Beobachtungsfrage:

D. Weitere Beobachtungen und Notizen der Begleitperson:

E. Persönliche Notizen der begleiteten Person nach dem Gespräch:

1. Was ist mir hinsichtlich der <u>Beobachtungsfrage</u> klar geworden?

2. Was bleibt mir hinsichtlich der <u>Beobachtungsfrage</u> *unklar* ?

3. Weitere Einsichten und/oder Fragen, die ich gewonnen habe:

4. Nehme ich mir etwas vor? Wenn ja, was? (Möglichst konkret benennen!)

Autorinnen und Autoren

Arne Dittmer, Prof. Dr., Universität Regensburg, studierte Erziehungswissenschaft, Biologie und Philosophie an der Universität Hamburg, in seiner Promotion setzte er sich mit einer reflexiven Biologielehrerbildung auseinander. Seit 2012 Professor für Didaktik der Biologie an der Fakultät für Biologie und Vorklinische Medizin der Universität Regensburg. Schwerpunkte seiner Arbeit sind Professionalisierungsprozesse in Hinblick auf die Vermittlung bio- und umweltethischer Themen sowie die Förderung von Diskussionskultur in der Schul- und Hochschuldidaktik, wozu auch die Befähigung zum Feedback, zur Empathie und zum kollegialen Miteinander zählen. Den Nationalpark Bayerischer Wald besucht er in unterschiedlichen Rollen seit 2012 regelmäßig.

Stefanie Fritz ist Diplom-Pädagogin. Sie studierte Friedens- und Konfliktforschung und Erziehungswissenschaften mit dem Schwerpunkt „Außerschulische Jugendbildung" an den Universitäten Frankfurt (Main) und Marburg (Lahn). Sie war vier Jahre lang Mitglied in der „Marburger Arbeitsgruppe für Methoden und Evaluation" am Institut für Erziehungswissenschaft. In ihrer Forschungsarbeit untersuchte sie die praktische Umsetzung des Bildungsauftrages des Nationalparks Niedersächsisches Wattenmeer. Von 2012 bis 2014 war sie als wissenschaftliche Mitarbeiterin der Universität Hamburg in dem von der DBU geförderten Projekt „Qualitätsentwicklung in der Bildungsarbeit von Großschutzgebieten" tätig. Seit 2014 arbeitet sie als pädagogische Leitung in einem außerschulischen Umweltbildungszentrum in Niedersachsen.

Ulrich Gebhard, Prof. Dr., Universität Hamburg, studierte Biologie, Germanistik und Erziehungswissenschaft an der Universität Hannover; hat eine psychoanalytische Ausbildung, promovierte im Bereich der Fachsozialisation, habilitierte sich zum Thema „Kind und Natur". Seit 1995 Professor für Erziehungswissenschaft mit dem Schwerpunkt Didaktik der Biowissenschaften an der Universität Hamburg. Aktuelle Arbeitsschwerpunkte: Psychische Bedeutung von Natur, Natur- und Umweltethik, Deutungsmuster und Werthaltungen von Kindern gegenüber Natur, Natur und Gesundheit, Sinndimension schulischer Lernprozesse, Intuition und Reflexion: Alltagsphantasien

Er leitete das von der DBU geförderte Evaluationsprojekt im Nationalpark Bayerischer Wald „Qualitätsentwicklung in der Bildungsarbeit von Großschutzgebieten", das Hintergrund dieses Buches ist.

Benny Wolf Rimmler arbeitet als Lehrer in Hamburg. Nach seinem Lehramtsstudium mit den Fächern Erziehungswissenschaft, Grundschulpädagogik, Biologie und Geschichte war er von 2012 bis 2014 wissenschaftlicher Mitarbeiter im DBU-Projekt „Qualitätsentwicklung in der Bildungsarbeit von Großschutzgebieten". Im Rahmen der fortlaufenden Beschäftigung mit Theorie und Praxis der schulischen und außerschulischen Umweltbildung liegen seine Interessenschwerpunkte auf ästhetischer Bildung und dem Bildungswert von Naturerfahrungen. Über seine Arbeit hinaus setzt er sich als Mitglied und Mitbegründer mehrerer Hamburger Initiativen für den Erhalt von Stadtnatur sowie für die Stärkung von direkter Demokratie und Bürgerbeteiligung bei politischen Entscheidungsprozessen ein.

The manufacturer's authorised representative in the EU is Springer
Nature Customer Service Centre GmbH, Europaplatz 3, 69115 Heidelberg,
Germany. If you have any concerns regarding our products, please
contact ProductSafety@springernature.com

Printed and bound by CPI Group (UK) Ltd, Croydon, CR0 4YY
27/04/2026
02097971-0005